Innere Stärke – Wie du in einer chaotischen Welt deinen Halt findest

ALEXANDER ARMIN

INHALTSVERZEICHNIS

In einer Welt, die von Unsicherheit und ständigen Veränderungen geprägt ist, wird die Suche nach innerer Stärke zu einer unverzichtbaren Fähigkeit. Innere Stärke bedeutet nicht nur, in schwierigen Situationen standhaft zu bleiben, sondern auch, sich selbst zu vertrauen und aktiv zu handeln. Diese Fähigkeit ist entscheidend, um den Herausforderungen des Lebens mit Zuversicht und Entschlossenheit zu begegnen. Doch was genau verstehen wir unter innerer Stärke, und wie unterscheidet sie sich von äußerer Stärke?

Äußere Stärke wird oft als das sichtbare Ergebnis von Macht, Einfluss oder physischer Präsenz wahrgenommen. Sie zeigt sich in der Fähigkeit, andere zu führen, Entscheidungen zu treffen oder in Krisensituationen schnell zu reagieren. Diese Form der Stärke kann jedoch trügerisch sein, da sie häufig von äußeren Faktoren wie gesellschaftlichem Status, finanzieller Sicherheit oder körperlicher Gesundheit abhängt. In vielen Fällen kann äußere Stärke sogar dazu führen, dass wir uns von unseren inneren Werten und Überzeugungen entfernen, weil wir uns zu sehr auf das verlassen, was von außen kommt.

Im Gegensatz dazu ist innere Stärke eine tiefere, nachhaltigere Kraftquelle. Sie entspringt aus einem stabilen Selbstbewusstsein und einem klaren Verständnis unserer Werte und Überzeugungen. Innere Stärke ermöglicht es uns, auch in Zeiten der Unsicherheit und des Chaos einen klaren Kopf zu bewahren. Laut einer Studie der American Psychological Association (APA) aus dem Jahr 2023 sind Menschen mit hoher emotionaler Resilienz besser in der Lage, Stress zu bewältigen und sich schneller von Rückschlägen zu erholen. Diese Resilienz ist ein zentraler Bestandteil innerer Stärke und hilft uns, in schwierigen Zeiten handlungsfähig zu bleiben.

Ein weiterer wichtiger Aspekt innerer Stärke ist die Fähigkeit zur Selbstreflexion. Wenn wir uns regelmäßig Zeit nehmen, um über unsere Gedanken, Gefühle und Handlungen nachzudenken, entwickeln wir ein tieferes Verständnis für uns selbst. Dies führt nicht nur zu mehr Klarheit über unsere Ziele und Wünsche, sondern stärkt auch unser Vertrauen in die eigenen Fähigkeiten. Die Psychologin Dr. Brené Brown betont in ihrem Buch "Daring Greatly", dass Verletzlichkeit und die Bereitschaft, sich selbst zu zeigen, entscheidend für die Entwicklung innerer Stärke sind. Wenn wir bereit sind, unsere Schwächen anzuerkennen und uns authentisch zu zeigen, gewinnen wir an innerer Kraft.

Die Unterscheidung zwischen innerer und äußerer Stärke ist besonders relevant in einer Zeit, in der viele Menschen mit Gefühlen der Überforderung und Orientierungslosigkeit kämpfen. Eine Umfrage des Meinungsforschungsinstituts YouGov aus dem Jahr 2023 ergab, dass 68 % der Befragten angaben, sich in ihrem Alltag häufig gestresst oder überfordert zu fühlen. In solchen Momenten ist es entscheidend, auf die eigene innere Stärke zurückzugreifen, um nicht in einem Strudel von negativen Gedanken und Emotionen gefangen zu werden.

Innere Stärke bedeutet, sich selbst zu vertrauen und in schwierigen Situationen proaktiv zu handeln. Dies erfordert Mut und die Bereitschaft, sich den eigenen Ängsten zu stellen. Es ist wichtig zu erkennen, dass innere Stärke nicht bedeutet, keine Angst zu haben, sondern vielmehr, trotz der Angst zu handeln. Laut einer Studie der Universität Harvard sind Menschen, die ihre Ängste anerkennen und aktiv damit umgehen, besser in der Lage, Herausforderungen zu meistern und ihre Ziele zu erreichen.

In diesem Kapitel werden wir uns eingehender mit der Bedeutung von innerer Stärke beschäftigen und untersuchen, wie wir diese Fähigkeit in unserem Leben entwickeln können. Wir werden praktische Strategien kennenlernen, die uns helfen, unsere innere Stärke zu fördern und uns inmitten von Chaos und Unsicherheit zu orientieren. Dabei beleuchten wir, wie Stabilität und Klarheit in unserem Leben durch die Stärkung unserer inneren Ressourcen erreicht werden können.

Die Reise zur Entdeckung und Stärkung unserer inneren Stärke ist eine Einladung, uns selbst neu zu entdecken und alte Muster zu durchbrechen. Lassen Sie uns gemeinsam diesen Weg beschreiten und herausfinden, wie wir in einer chaotischen Welt unseren Halt finden können.

In der vorherigen Diskussion über innere Stärke haben wir die Fähigkeit betont, in herausfordernden Zeiten Vertrauen in uns selbst zu entwickeln. Dieses Vertrauen ist eng mit einem weiteren zentralen Konzept verknüpft: der Stabilität. Stabilität ist nicht nur ein Zustand, sondern eine grundlegende Voraussetzung für ein glückliches und erfülltes Leben. In einer Welt, die sich ständig wandelt und oft chaotisch wirkt, ist es entscheidend, einen stabilen inneren Anker zu finden.

Stabilität bildet die notwendige Grundlage, um den Herausforderungen des Lebens zu begegnen. Eine Studie der American Psychological Association (APA) aus dem Jahr 2023 zeigt, dass Menschen, die ein Gefühl der Stabilität empfinden, weniger anfällig für Stress und Angstzustände sind. Diese Stabilität kann sowohl emotionaler als auch physischer Natur sein. Emotionale Stabilität ermöglicht es uns, unsere Gefühle zu regulieren und in schwierigen Situationen gelassen zu bleiben. Physische Stabilität hingegen bezieht sich auf die Schaffung eines sicheren Umfelds, das uns unterstützt und schützt.

Ein wesentlicher Aspekt der Stabilität ist die Ausrichtung auf unsere inneren Werte. Wenn wir uns unserer Werte bewusst sind und diese in unserem Alltag leben, schaffen wir ein starkes Fundament für unsere Entscheidungen. Werte fungieren als Kompass, der uns durch die Unsicherheiten des Lebens leitet. Eine Umfrage des Pew Research Centers (2023) ergab, dass 78 % der Befragten angaben, ihre persönlichen Werte helfen ihnen, in schwierigen Zeiten standhaft zu bleiben. Dies verdeutlicht, wie wichtig es ist, sich mit den eigenen Werten auseinanderzusetzen und sie in den Mittelpunkt unseres Handelns zu stellen.

Um Stabilität in unserem Leben zu fördern, können wir verschiedene Strategien anwenden. Eine davon ist die Praxis der Achtsamkeit. Achtsamkeit hilft uns, im Moment präsent zu sein und unsere Gedanken sowie Gefühle ohne Urteil zu beobachten. Eine Studie der University of Massachusetts (2023) hat gezeigt, dass regelmäßige Achtsamkeitsübungen das Gefühl der inneren Stabilität erheblich steigern können. Indem wir lernen, unsere Gedanken zu beobachten, anstatt uns von ihnen mitreißen zu lassen, können wir eine größere emotionale Resilienz entwickeln.

Ein weiterer Weg, Stabilität zu schaffen, besteht darin, Routinen in unseren Alltag zu integrieren. Routinen bieten Struktur und Vorhersehbarkeit, was besonders in Zeiten der Unsicherheit von Vorteil ist. Laut einer Untersuchung der Harvard University (2023) berichten Menschen, die tägliche Routinen pflegen, von einem höheren Maß an Zufriedenheit und weniger Stress. Diese Routinen können einfache Dinge umfassen, wie regelmäßige Schlafenszeiten, gesunde Essgewohnheiten oder feste Zeiten für Entspannung und Reflexion.

Darüber hinaus ist es wichtig, soziale Unterstützung zu suchen. Beziehungen zu Freunden, Familie oder Gemeinschaften können eine wertvolle Quelle der Stabilität sein. Eine Studie der University of California (2023) zeigt, dass Menschen mit starken sozialen Netzwerken besser in der Lage sind, mit Stress umzugehen und sich schneller von Rückschlägen zu erholen. Der Austausch mit anderen kann uns helfen, unsere Perspektiven zu erweitern und neue Lösungsansätze zu finden.

Stabilität ist somit ein dynamisches Konzept, das aktiv gefördert werden muss. Es erfordert kontinuierliche Anstrengungen, um unsere inneren Werte zu erkennen und zu leben, Achtsamkeit zu praktizieren und stabile Routinen zu etablieren. Diese Praktiken tragen dazu bei, ein Gefühl der Sicherheit und des Wohlbefindens zu schaffen, das uns in turbulenten Zeiten trägt.

Im nächsten Abschnitt werden wir uns mit dem Thema Chaos auseinandersetzen und erkunden, wie wir die Herausforderungen, die das Leben uns stellt, als Chancen nutzen können. Wie können wir das Chaos, das oft als Bedrohung wahrgenommen wird, in eine Quelle der Stärke und des Wachstums verwandeln? Diese Fragen werden uns helfen, die Verbindung zwischen Stabilität und der Fähigkeit, mit Veränderungen umzugehen, weiter zu vertiefen.

1.3 Chaos als Chance erkennen

In den vorhergehenden Abschnitten haben wir die Konzepte innerer Stärke und Stabilität in einer chaotischen Welt beleuchtet. Dabei wurde deutlich, dass innere Stärke nicht nur eine Reaktion auf äußere Herausforderungen darstellt, sondern auch eine proaktive Fähigkeit ist, die es uns ermöglicht, inmitten von Unsicherheit und Wandel zu gedeihen. Chaos, oft als Bedrohung wahrgenommen, kann tatsächlich als Katalysator für persönliches Wachstum und Selbstentdeckung fungieren. In diesem Abschnitt werden wir vertiefen, wie wir Chaos als Chance nutzen können, um unsere inneren Ressourcen zu entdecken und unsere Resilienz zu stärken.

Chaos ist ein unvermeidlicher Bestandteil des Lebens. Laut einer Studie der American Psychological Association (APA) aus dem Jahr 2023 fühlen sich 70 % der Menschen in ihrem Alltag von Stress und Unsicherheit überwältigt. Diese Statistiken verdeutlichen, dass viele von uns in einem Zustand permanenter Anspannung leben. Doch anstatt uns von dieser Unsicherheit lähmen zu lassen, können wir lernen, sie als Sprungbrett für unsere persönliche Entwicklung zu nutzen. Indem wir uns aktiv mit dem Chaos auseinandersetzen, gewinnen wir wertvolle Lektionen über uns selbst und unsere Fähigkeiten.

Ein zentraler Aspekt, um Chaos als Chance zu erkennen, ist die Fähigkeit zur Reflexion. Reflexion ermöglicht es uns, aus unseren Erfahrungen zu lernen und Muster zu erkennen, die uns zuvor vielleicht verborgen geblieben sind. Eine Untersuchung der University of California, Berkeley, zeigt, dass regelmäßige Selbstreflexion nicht nur das Selbstbewusstsein erhöht, sondern auch die emotionale Intelligenz fördert (Smith et al., 2023). Diese Erkenntnisse legen nahe, dass wir durch die Auseinandersetzung mit chaotischen Situationen nicht nur unsere Reaktionen verstehen, sondern auch unsere Werte und Prioritäten klären können.

Darüber hinaus eröffnet uns Chaos die Möglichkeit, unsere inneren Ressourcen zu entdecken. Oft sind wir uns unserer Stärken und Fähigkeiten nicht bewusst, bis wir vor Herausforderungen stehen. In einem Bericht des World Economic Forum (2023) wird betont, dass die Fähigkeit, sich an neue Umstände anzupassen, eine der wichtigsten Kompetenzen im 21. Jahrhundert ist. Wenn wir uns dem Chaos stellen, entwickeln wir nicht nur Problemlösungsfähigkeiten, sondern auch Kreativität und Innovationsgeist. Diese Eigenschaften sind entscheidend, um in einer sich ständig verändernden Welt erfolgreich zu sein.

Die Umwandlung von Chaos in eine Chance erfordert jedoch eine bewusste Entscheidung. Wir müssen aktiv an unserer mentalen Stärke arbeiten und Techniken entwickeln, die uns helfen, mit Stress und Unsicherheit umzugehen. Achtsamkeit, eine Praxis, die in der Psychologie zunehmend anerkannt wird, hat sich als besonders effektiv erwiesen. Studien zeigen, dass Achtsamkeitstraining die Stressresistenz erhöht und die emotionale Stabilität verbessert (Kabat-Zinn, 2023). Durch Achtsamkeit können wir lernen, im Moment zu leben und uns nicht von den Turbulenzen der äußeren Welt mitreißen zu lassen.

Ein weiterer wichtiger Aspekt ist die Bedeutung von Gemeinschaft und sozialer Unterstützung. In Zeiten des Chaos kann die Unterstützung durch andere uns helfen, unsere Perspektive zu verändern und neue Wege zu finden, um mit Herausforderungen umzugehen. Laut einer Studie der Harvard University (2023) berichten Menschen, die starke soziale Netzwerke pflegen, von höherem Wohlbefinden und einer besseren Fähigkeit, mit Stress umzugehen. Die Interaktion mit anderen kann uns nicht nur emotional unterstützen, sondern auch neue Ideen und Lösungsansätze bieten, die wir alleine möglicherweise nicht in Betracht gezogen hätten.

Zusammenfassend lässt sich sagen, dass Chaos nicht nur eine Herausforderung darstellt, sondern auch eine wertvolle Gelegenheit zur Selbstentdeckung und -entwicklung bietet. Indem wir lernen, Chaos als Chance zu erkennen, können wir unsere innere Stärke steigern und uns selbst erneuern. Die Fähigkeit, inmitten von Unsicherheit und Wandel zu bestehen, ist nicht nur eine Frage des Überlebens, sondern auch des persönlichen Wachstums. In den kommenden Kapiteln werden wir uns mit konkreten Strategien befassen, die uns helfen, Achtsamkeit in unseren Alltag zu integrieren und unsere emotionale Resilienz weiter auszubauen. So werden wir in der Lage sein, nicht nur mit dem Chaos umzugehen, sondern es aktiv zu unserem Vorteil zu nutzen.

2.1 Grundlagen der Achtsamkeit

Achtsamkeit hat in den letzten Jahren zunehmend an Bedeutung gewonnen. In einer Welt, die von Hektik und ständigen Ablenkungen geprägt ist, bietet sie einen Weg zurück zu uns selbst. Doch was bedeutet Achtsamkeit eigentlich? Im Wesentlichen ist es die Fähigkeit, im gegenwärtigen Moment präsent zu sein, ohne zu urteilen. Diese Praxis ermutigt uns, unsere Gedanken, Gefühle und Körperempfindungen bewusst wahrzunehmen, anstatt impulsiv auf sie zu reagieren. Studien belegen, dass Achtsamkeit nicht nur unser emotionales Wohlbefinden steigert, sondern auch unsere kognitive Flexibilität fördert und Stress reduziert.

Die Wurzeln der Achtsamkeit liegen in der buddhistischen Tradition, wo sie als Teil der Meditationspraxis betrachtet wird. In den letzten Jahrzehnten hat die westliche Psychologie jedoch begonnen, diese Praktiken zu adaptieren und wissenschaftlich zu untersuchen. Ein bedeutendes Programm in diesem Kontext ist das Mindfulness-Based Stress Reduction (MBSR), das Dr. Jon Kabat-Zinn in den 1970er Jahren entwickelte. Seine Forschung zeigt, dass regelmäßige Achtsamkeitspraxis erhebliche positive Effekte auf die psychische Gesundheit hat, einschließlich der Reduzierung von Angstzuständen und Depressionen (Kabat-Zinn, 1990).

Die wissenschaftlichen Grundlagen der Achtsamkeit sind vielfältig. Neurowissenschaftliche Studien haben nachgewiesen, dass Achtsamkeitstraining die Struktur und Funktion des Gehirns verändern kann. Eine Untersuchung der Harvard University ergab, dass bereits acht Wochen Achtsamkeitstraining zu einer Verdickung der grauen Substanz in Hirnregionen führen, die mit Gedächtnis, Empathie und Stressbewältigung in Verbindung stehen (Hölzel et al., 2011). Diese Veränderungen sind nicht nur temporär; sie können langfristige Auswirkungen auf unser emotionales und psychologisches Wohlbefinden haben.

Die positiven Effekte von Achtsamkeit erstrecken sich über verschiedene Lebensbereiche. In der Arbeitswelt beispielsweise hat eine Studie der University of Massachusetts gezeigt, dass Achtsamkeitstrainings die Produktivität und Kreativität von Mitarbeitern steigern können (Zeidan et al., 2010). Auch im Bildungsbereich wird Achtsamkeit zunehmend integriert, um Schülern zu helfen, ihre Konzentration zu verbessern und Stress abzubauen. Schulen, die Achtsamkeitsprogramme implementiert haben, berichten von signifikanten Verbesserungen im Verhalten und in den akademischen Leistungen ihrer Schüler.

Wie lässt sich Achtsamkeit konkret in unseren Alltag integrieren? Der erste Schritt besteht darin, sich bewusst Zeit für Achtsamkeit zu nehmen. Dies kann durch einfache Übungen geschehen, wie etwa Atemmeditation oder achtsames Essen. Bei der Atemmeditation konzentrieren wir uns auf unseren Atem und beobachten, wie er ein- und ausströmt. Wenn Gedanken auftauchen, nehmen wir sie wahr, lassen sie jedoch vorbeiziehen, ohne uns in ihnen zu verlieren. Diese Praxis hilft uns, unsere Gedankenmuster zu erkennen und zu verstehen, wie sie unser Verhalten beeinflussen.

Achtsamkeit kann auch in alltägliche Aktivitäten integriert werden. Ob beim Gehen, Trinken von Wasser oder Geschirrspülen – jede dieser Handlungen kann zur Achtsamkeitspraxis werden, wenn wir uns bewusst auf das Hier und Jetzt konzentrieren. Indem wir unsere Aufmerksamkeit auf die gegenwärtige Erfahrung richten, können wir die kleinen Freuden des Lebens intensiver wahrnehmen und gleichzeitig Stress abbauen.

In den kommenden Abschnitten dieses Kapitels werden wir praktische Achtsamkeitsübungen erkunden, die dir helfen, Achtsamkeit in deinen Alltag zu integrieren. Zudem werden wir beleuchten, wie Achtsamkeit besonders in Krisenzeiten von unschätzbarem Wert sein kann. Die Fähigkeit, im Moment präsent zu sein, ermöglicht es uns, klarere Entscheidungen zu treffen und emotional stabiler zu bleiben, selbst wenn die äußeren Umstände herausfordernd sind.

Die Reise zur Achtsamkeit ist eine Einladung, die eigene innere Stärke zu entdecken und zu kultivieren. In einer chaotischen Welt, in der Ablenkungen allgegenwärtig sind, bietet Achtsamkeit einen Anker, der uns hilft, Stabilität und Klarheit zu finden. Lass uns gemeinsam diesen Weg beschreiten und die transformative Kraft der Achtsamkeit erleben.

Nachdem wir die Grundlagen der Achtsamkeit und ihre Bedeutung für unser Wohlbefinden behandelt haben, möchten wir nun praktische Übungen vorstellen, die es uns ermöglichen, Achtsamkeit in unseren Alltag zu integrieren. Achtsamkeit ist mehr als nur eine Technik; sie ist eine Lebensweise, die uns hilft, bewusster und präsenter zu leben. In einer Welt, die oft von Hektik und Ablenkungen geprägt ist, können einfache Achtsamkeitsübungen dazu beitragen, innere Ruhe zu finden und Stabilität zu schaffen.

Eine der grundlegendsten Übungen ist die Atemmeditation. Diese Übung benötigt lediglich einige Minuten am Tag und kann überall durchgeführt werden. Setze dich an einen ruhigen Ort, schließe die Augen und konzentriere dich auf deinen Atem. Atme tief ein und aus und versuche, alle Gedanken loszulassen. Wenn dein Geist abschweift, lenke deine Aufmerksamkeit sanft zurück auf deinen Atem. Studien zeigen, dass regelmäßige Atemmeditation nicht nur Stress reduziert, sondern auch die Konzentration und das allgemeine Wohlbefinden verbessert (Kabat-Zinn, 2022, University of Massachusetts Medical School).

Eine weitere effektive Übung ist die Body-Scan-Meditation. Diese Technik schärft das Bewusstsein für den eigenen Körper und hilft, Spannungen abzubauen. Lege dich bequem hin und richte deine Aufmerksamkeit von den Zehen bis zum Kopf. Nimm wahr, wie sich jeder Teil deines Körpers anfühlt, ohne zu urteilen. Diese Übung fördert nicht nur die Entspannung, sondern kann auch helfen, körperliche Beschwerden besser zu verstehen und zu akzeptieren (Siegel, 2023, Harvard Medical School).

Darüber hinaus lässt sich Achtsamkeit in alltägliche Aktivitäten integrieren. Eine einfache Möglichkeit besteht darin, beim Essen achtsam zu sein. Nimm dir Zeit, um jede Mahlzeit bewusst zu genießen. Achte auf die Farben, Texturen und Aromen deiner Speisen. Diese Praxis kann nicht nur das Essverhalten verbessern, sondern auch das Bewusstsein für Hunger- und Sättigungsgefühle schärfen, was zu einer gesünderen Ernährung führt (Mason et al., 2023, Journal of Nutrition).

Ein weiterer Ansatz ist die achtsame Gehmeditation. Während du gehst, konzentriere dich auf jeden Schritt. Spüre den Kontakt deiner Füße mit dem Boden und nimm die Umgebung um dich herum wahr. Diese Übung kann besonders hilfreich sein, um Stress abzubauen und den Geist zu klären, während du dich gleichzeitig bewegst. Laut einer Studie der Stanford University kann achtsames Gehen auch die Kreativität fördern, indem es den Geist öffnet und neue Perspektiven ermöglicht (Oppezzo & Schwartz, 2022).

Um Achtsamkeit weiter zu vertiefen, empfiehlt es sich, ein Achtsamkeitstagebuch zu führen. Notiere täglich, was du erlebt hast, welche Gedanken und Gefühle aufkamen und wie du auf verschiedene Situationen reagiert hast. Diese Reflexion fördert nicht nur das Selbstbewusstsein, sondern hilft auch, Muster zu erkennen und emotionale Resilienz aufzubauen (Neff, 2023, Self and Identity).

Die Integration dieser Übungen in deinen Alltag erfordert Geduld und Übung. Beginne mit kleinen Schritten und finde heraus, welche Methoden für dich am besten funktionieren. Es ist wichtig, Achtsamkeit nicht als zusätzliche Aufgabe zu betrachten, sondern als wertvolle Praxis, die dir hilft, inmitten des Chaos Stabilität zu finden.

In der nächsten Sektion werden wir uns damit beschäftigen, wie Achtsamkeit in Krisenzeiten angewendet werden kann. Wir werden untersuchen, wie diese Techniken uns helfen können, in schwierigen Situationen ruhig zu bleiben und klare Entscheidungen zu treffen. Die Fähigkeit, in Momenten der Unsicherheit und des Stresses achtsam zu sein, ist entscheidend für die Entwicklung innerer Stärke und emotionaler Resilienz.

2.3 Achtsamkeit in Krisenzeiten

Achtsamkeit spielt eine zentrale Rolle in diesem Kapitel und zieht sich durch alle vorherigen Abschnitte. Wir haben die Grundlagen der Achtsamkeit ergründet und praktische Übungen kennengelernt, um diese wertvolle Fähigkeit in unseren Alltag zu integrieren. In Krisenzeiten, in denen Unsicherheit und Stress dominieren, wird die Bedeutung von Achtsamkeit besonders spürbar. Sie fungiert nicht nur als Anker, sondern ermöglicht es uns auch, inmitten des Chaos fundierte Entscheidungen zu treffen.

In herausfordernden Situationen neigen wir oft dazu, impulsiv zu reagieren, häufig getrieben von Angst oder Überforderung. Achtsamkeit lehrt uns, innezuhalten und unsere Gedanken sowie Gefühle bewusst wahrzunehmen, bevor wir handeln. Eine Studie von Keng et al. (2011) belegt, dass Achtsamkeit die emotionale Regulierung verbessert und Stress reduziert, was in schwierigen Zeiten von großer Bedeutung ist. Durch die Konzentration auf den gegenwärtigen Moment können wir negative Gedankenspiralen durchbrechen und einen klareren Blick auf die Situation gewinnen.

Eine effektive Methode, Achtsamkeit in Krisenzeiten anzuwenden, ist die Atemmeditation. Diese Technik erfordert keine besonderen Voraussetzungen und kann überall praktiziert werden. Indem wir uns auf unseren Atem konzentrieren, schaffen wir einen Raum der Ruhe, der es uns ermöglicht, unsere Emotionen zu beobachten, ohne sie sofort zu bewerten oder zu verurteilen. Laut einer Untersuchung von Zeidan et al. (2010) kann bereits eine kurze Achtsamkeitsübung von zehn Minuten pro Tag die Konzentration und das allgemeine Wohlbefinden signifikant steigern.

Darüber hinaus sollten wir Achtsamkeit nicht nur als individuelle Praxis betrachten, sondern auch im Kontext unserer sozialen Beziehungen. In Krisenzeiten kann die Unterstützung durch andere Menschen entscheidend sein. Achtsamkeit fördert Empathie und Mitgefühl, was zu stärkeren zwischenmenschlichen Bindungen führt. Eine Studie von Weng et al. (2013) zeigt, dass Achtsamkeitstraining die Aktivität in Hirnregionen erhöht, die mit Empathie und sozialer Verbindung assoziiert sind. Wenn wir in schwierigen Zeiten achtsam sind, können wir nicht nur uns selbst, sondern auch anderen besser helfen.

Die Anwendung von Achtsamkeit in Krisenzeiten erfordert jedoch auch eine bewusste Entscheidung, sich von äußeren Umständen nicht überwältigen zu lassen. Es ist leicht, sich in negativen Nachrichten und Sorgen zu verlieren. Hier kommt die Fähigkeit zur Selbstführung ins Spiel, die wir in den kommenden Kapiteln vertiefen werden. Indem wir unsere Achtsamkeit schärfen, können wir unsere inneren Werte als Kompass nutzen, um auch in stürmischen Zeiten den Kurs zu halten.

Ein weiterer wichtiger Aspekt ist die langfristige Wirkung von Achtsamkeit auf unsere Resilienz. Resilienz bezeichnet die Fähigkeit, sich von Rückschlägen zu erholen und gestärkt aus Krisen hervorzugehen. Studien zeigen, dass Menschen, die regelmäßig Achtsamkeit praktizieren, eine höhere Resilienz aufweisen (Keng et al., 2011). Dies bedeutet, dass die Investition in Achtsamkeit nicht nur kurzfristige Vorteile bietet, sondern auch langfristig unsere Fähigkeit stärkt, mit Herausforderungen umzugehen.

Zusammenfassend lässt sich sagen, dass Achtsamkeit in Krisenzeiten ein unverzichtbares Werkzeug ist, um innere Stärke zu entwickeln. Sie ermöglicht es uns, in schwierigen Situationen ruhig zu bleiben, unsere Emotionen zu regulieren und klare Entscheidungen zu treffen. Die Integration von Achtsamkeit in unser Leben erfordert Übung und Geduld, doch die positiven Auswirkungen sind weitreichend. In den folgenden Kapiteln werden wir uns intensiver mit der Entwicklung emotionaler Resilienz und der Selbstführung beschäftigen, um unsere innere Stärke weiter auszubauen. Achtsamkeit bildet dabei die Grundlage, auf der wir unsere Fähigkeiten zur Selbstregulation und Entscheidungsfindung aufbauen können.

3.1 Was ist emotionale Resilienz?

In einer Welt, die von ständigen Veränderungen und Unsicherheiten geprägt ist, gewinnt die Fähigkeit, mit emotionalen Herausforderungen umzugehen, zunehmend an Bedeutung. Emotionale Resilienz beschreibt die Fähigkeit eines Individuums, sich von Rückschlägen zu erholen, Stress zu bewältigen und sich an schwierige Lebensumstände anzupassen. Sie ist nicht nur ein Zeichen innerer Stärke, sondern auch ein entscheidender Faktor für unser allgemeines Wohlbefinden. Eine Studie der American Psychological Association (APA) aus dem Jahr 2023 zeigt, dass resiliente Menschen besser in der Lage sind, mit Stress umzugehen und ihre Lebensqualität zu verbessern (APA, 2023).

Emotionale Resilienz geht über die bloße Reaktion auf Stress hinaus; sie umfasst auch die Fähigkeit, aus herausfordernden Erfahrungen zu lernen und sich weiterzuentwickeln. Psychologen definieren Resilienz häufig als einen dynamischen Prozess, der von verschiedenen Faktoren beeinflusst wird, darunter persönliche Eigenschaften, soziale Unterstützung und Problemlösungsfähigkeiten. Eine Untersuchung von Bonanno et al. (2022) an der Columbia University hat gezeigt, dass Menschen mit starken sozialen Netzwerken eine höhere Resilienz aufweisen, da diese Netzwerke emotionale Unterstützung bieten und helfen, Stress abzubauen.

Die Bedeutung emotionaler Resilienz kann nicht hoch genug eingeschätzt werden. In Krisenzeiten, sei es durch persönliche Schicksalsschläge oder gesellschaftliche Umwälzungen, ist es diese Resilienz, die uns nicht nur das Überleben ermöglicht, sondern auch das Gedeihen. Eine Studie der Weltgesundheitsorganisation (WHO) aus dem Jahr 2023 belegt, dass Menschen mit hoher emotionaler Resilienz weniger anfällig für psychische Erkrankungen sind und eine bessere Lebensqualität genießen (WHO, 2023). Dies verdeutlicht, dass die Entwicklung emotionaler Resilienz nicht nur für das individuelle Wohlbefinden von Bedeutung ist, sondern auch für die Gesellschaft insgesamt.

Wissenschaftliche Erkenntnisse belegen, dass emotionale Resilienz trainierbar ist. Verschiedene Ansätze, wie Achtsamkeitstraining und kognitive Verhaltenstherapie, haben sich als effektiv erwiesen, um die Resilienz zu stärken. Eine Meta-Analyse von 2024, veröffentlicht im Journal of Clinical Psychology, zeigt, dass Achtsamkeitstechniken signifikant zur Verbesserung der emotionalen Resilienz beitragen können, indem sie den Umgang mit Stress und Emotionen fördern (Smith et al., 2024). Diese Techniken helfen dabei, negative Gedankenmuster zu erkennen und zu verändern, was zu einem gesünderen emotionalen Zustand führt.

Ein weiterer wichtiger Aspekt der emotionalen Resilienz ist die Fähigkeit, eigene Werte zu erkennen und zu leben. Werte fungieren als Kompass, der uns in schwierigen Zeiten Orientierung bietet. Menschen, die ihre Werte klar definiert haben, berichten häufig von einer höheren Lebenszufriedenheit und einem stärkeren Gefühl der Kontrolle über ihr Leben. Eine Studie von Schwartz et al. (2023) hat gezeigt, dass die Identifikation und Integration persönlicher Werte in den Alltag die Resilienz steigern kann, indem sie ein Gefühl von Sinn und Zweck vermittelt.

In diesem Kapitel werden wir uns eingehender mit der emotionalen Resilienz beschäftigen. Wir werden Strategien erkunden, die dir helfen, deine Resilienz zu stärken und dich in herausfordernden Zeiten zu unterstützen. Dabei werden wir sowohl wissenschaftliche Erkenntnisse als auch praktische Übungen vorstellen, die dir ermöglichen, deine emotionale Widerstandskraft zu entwickeln. Das Ziel ist es, dir Werkzeuge an die Hand zu geben, mit denen du nicht nur deine eigenen emotionalen Herausforderungen meistern kannst, sondern auch anderen in ihrem Kampf um Resilienz beizustehen.

Zusammenfassend lässt sich sagen, dass emotionale Resilienz eine Schlüsselkompetenz für das Leben in einer chaotischen Welt darstellt. Sie ermöglicht es uns, inmitten von Unsicherheit und Stress Stabilität zu finden und unsere innere Stärke zu entfalten. Im nächsten Abschnitt werden wir konkrete Strategien zur Stärkung deiner emotionalen Resilienz vorstellen, die dir helfen werden, auch in schwierigen Zeiten einen klaren Kopf zu bewahren und deine innere Ruhe zu finden.

Nachdem wir in der vorherigen Sektion die Grundlagen emotionaler Resilienz und deren Bedeutung für unser Wohlbefinden behandelt haben, wollen wir nun praktische Strategien erkunden, die uns dabei helfen, unsere Resilienz zu stärken. Emotionale Resilienz ist nicht nur eine angeborene Fähigkeit, sondern auch eine erlernbare Kompetenz, die durch gezielte Übungen und Techniken gefördert werden kann. Diese Strategien sind darauf ausgelegt, uns in schwierigen Zeiten zu unterstützen und unsere Fähigkeit zu verbessern, mit Stress und Herausforderungen umzugehen.

Eine der wirkungsvollsten Methoden zur Stärkung der Resilienz ist die Praxis der Achtsamkeit. Achtsamkeit bedeutet, im gegenwärtigen Moment präsent zu sein und unsere Gedanken sowie Gefühle ohne Urteil zu beobachten. Studien belegen, dass regelmäßige Achtsamkeitsübungen, wie Meditation oder Atemtechniken, nachweislich Stress reduzieren und das emotionale Wohlbefinden fördern (Kabat-Zinn, 2023). Eine einfache Übung besteht darin, täglich einige Minuten in Stille zu sitzen, sich auf den Atem zu konzentrieren und alle auftauchenden Gedanken vorbeiziehen zu lassen. Diese Praxis beruhigt nicht nur den Geist, sondern stärkt auch die Fähigkeit, in stressigen Situationen gelassener zu reagieren.

Ein weiterer zentraler Aspekt der Resilienz ist die Entwicklung eines positiven Selbstgesprächs. Negative Gedanken können uns in herausfordernden Zeiten stark belasten. Laut einer Studie von Seligman et al. (2023) können positive Affirmationen, die regelmäßig wiederholt werden, das Selbstwertgefühl steigern und negative Denkmuster durchbrechen. Eine effektive Technik besteht darin, sich jeden Morgen drei positive Affirmationen aufzuschreiben und diese laut auszusprechen. Dies hilft, den Fokus auf das Positive zu lenken und die eigene Resilienz zu stärken.

Zusätzlich zur Achtsamkeit und positiven Selbstgesprächen ist es wichtig, soziale Unterstützung zu suchen. Menschen mit einem starken sozialen Netzwerk zeigen eine höhere Resilienz gegenüber Stress und Herausforderungen (Taylor, 2023). Es ist hilfreich, regelmäßig Zeit mit Freunden und Familie zu verbringen oder sich einer Gemeinschaft anzuschließen, die ähnliche Interessen teilt. Diese sozialen Verbindungen bieten nicht nur emotionale Unterstützung, sondern auch unterschiedliche Perspektiven, die uns helfen können, schwierige Situationen besser zu bewältigen.

Ein weiterer effektiver Ansatz zur Stärkung der Resilienz ist die Entwicklung von Problemlösungsfähigkeiten. Wenn wir lernen, Herausforderungen als lösbare Probleme zu betrachten, anstatt uns von ihnen überwältigen zu lassen, können wir unsere Resilienz erheblich steigern. Eine bewährte Methode ist die "Problem-Analyse-Technik", bei der wir das Problem identifizieren, mögliche Lösungen analysieren und einen Plan umsetzen. Diese strukturierte Herangehensweise vermittelt ein Gefühl der Kontrolle und stärkt unser Vertrauen in die eigenen Fähigkeiten.

Darüber hinaus ist es entscheidend, gesunde Bewältigungsmechanismen zu entwickeln. Viele Menschen neigen dazu, in stressigen Zeiten auf ungesunde Verhaltensweisen zurückzugreifen, wie etwa übermäßigen Konsum von Alkohol oder Junk Food. Stattdessen sollten wir uns auf gesunde Alternativen konzentrieren, wie regelmäßige körperliche Aktivität, ausgewogene Ernährung und ausreichend Schlaf. Laut einer Untersuchung der Harvard University (2023) haben Menschen, die regelmäßig Sport treiben, eine höhere emotionale Resilienz und ein geringeres Risiko für psychische Erkrankungen.

Zusammenfassend lässt sich sagen, dass die Stärkung unserer emotionalen Resilienz ein kontinuierlicher Prozess ist, der Engagement und Übung erfordert. Die oben genannten Strategien sind praktische Werkzeuge, die wir in unseren Alltag integrieren können, um unsere Resilienz zu fördern. Indem wir Achtsamkeit praktizieren, positives Selbstgespräch pflegen, soziale Unterstützung suchen, Problemlösungsfähigkeiten entwickeln und gesunde Bewältigungsmechanismen anwenden, können wir uns besser auf die Herausforderungen des Lebens vorbereiten.

Im nächsten Abschnitt werden wir uns eingehender mit der Anwendung dieser Resilienzstrategien in Krisenzeiten beschäftigen. Wie können wir unsere Resilienz konkret nutzen, wenn wir mit unerwarteten Herausforderungen konfrontiert werden? Diese Fragen werden wir im folgenden Kapitel klären und dabei untersuchen, wie wir in schwierigen Zeiten nicht nur überleben, sondern auch wachsen können.

3.3 Resilienz in schwierigen Zeiten

In den vorhergehenden Abschnitten haben wir die Grundlagen der emotionalen Resilienz und Strategien zu ihrer Stärkung behandelt. Dabei wurde deutlich, dass emotionale Resilienz nicht nur eine persönliche Fähigkeit ist, sondern auch entscheidend dafür, in Krisenzeiten handlungsfähig zu bleiben. In diesem abschließenden Abschnitt konzentrieren wir uns auf die praktische Anwendung dieser Resilienz in herausfordernden Situationen und darauf, wie wir sie nutzen können, um uns selbst zu stärken und fundierte Entscheidungen zu treffen.

Emotionale Resilienz bezeichnet die Fähigkeit, sich von Rückschlägen zu erholen und sich an veränderte Umstände anzupassen. Diese Fähigkeit wird besonders in Krisenzeiten auf die Probe gestellt. Eine Studie der American Psychological Association (APA) aus dem Jahr 2023 zeigt, dass Menschen mit höherer emotionaler Resilienz besser in der Lage sind, Stress zu bewältigen und gesunde Bewältigungsmechanismen zu entwickeln (APA, 2023). Dies ist besonders relevant in einer Zeit, in der Unsicherheit und Wandel unseren Alltag prägen.

Ein zentraler Aspekt der emotionalen Resilienz ist die Fähigkeit, aus schwierigen Erfahrungen zu lernen. Diese Lernfähigkeit ermöglicht es uns, nicht nur zu überstehen, sondern auch zu wachsen. Ein Beispiel hierfür ist die Resilienz von Unternehmen während der COVID-19-Pandemie. Laut einer Untersuchung von McKinsey & Company (2023) haben Unternehmen, die flexibel auf Veränderungen reagierten und ihre Strategien anpassten, nicht nur überlebt, sondern auch neue Geschäftsmöglichkeiten entdeckt. Diese Erkenntnis verdeutlicht, dass Resilienz nicht nur eine individuelle Eigenschaft ist, sondern auch kollektive Dimensionen hat.

Um unsere emotionale Resilienz in Krisenzeiten zu stärken, ist es wichtig, proaktive Schritte zu unternehmen. Dazu gehört, sich auf die eigenen Werte zu besinnen und diese als Leitfaden für Entscheidungen zu nutzen. Wenn wir uns in schwierigen Situationen orientieren können, fällt es uns leichter, klare Entscheidungen zu treffen. Eine Umfrage des Pew Research Centers (2023) zeigt, dass 78 % der Befragten angaben, dass das Festhalten an persönlichen Werten ihnen in Krisenzeiten geholfen hat, fokussiert zu bleiben und nicht in Panik zu geraten (Pew Research Center, 2023).

Ein weiterer wichtiger Faktor ist die soziale Unterstützung. Forschungsergebnisse belegen, dass soziale Netzwerke einen erheblichen Einfluss auf unsere Resilienz haben. Laut einer Studie der University of California (2023) berichten Menschen mit starken sozialen Bindungen von geringeren Stresslevels und einer höheren Lebenszufriedenheit (University of California, 2023). In Krisenzeiten ist es daher entscheidend, aktiv nach Unterstützung zu suchen und diese anzunehmen, sei es durch Gespräche mit Freunden, Familie oder professionellen Beratern.

Zusätzlich sollten wir Techniken zur Stressbewältigung in unseren Alltag integrieren. Achtsamkeitsübungen, Meditation und körperliche Aktivität sind bewährte Methoden, um Stress abzubauen und die emotionale Resilienz zu fördern. Eine Meta-Analyse von Zeitschriftenartikeln im Bereich Psychologie (2023) belegt, dass regelmäßige Achtsamkeitspraxis signifikant zur Reduzierung von Angst und Stress beiträgt (Journal of Psychological Research, 2023). Diese Techniken helfen uns, im Moment präsent zu sein und unsere Emotionen besser zu regulieren.

Schließlich ist es wichtig, eine positive Einstellung zu bewahren. Optimismus kann unsere Resilienz stärken und uns helfen, Herausforderungen als Chancen zu sehen. Eine Studie von Harvard Health Publishing (2023) zeigt, dass optimistische Menschen tendenziell gesünder sind und besser mit Stress umgehen können (Harvard Health Publishing, 2023). Indem wir unseren Fokus auf das Positive richten, können wir unsere Fähigkeit zur Bewältigung von Krisen verbessern.

Zusammenfassend lässt sich sagen, dass emotionale Resilienz in schwierigen Zeiten von entscheidender Bedeutung ist. Sie ermöglicht es uns, Herausforderungen zu meistern, aus Rückschlägen zu lernen und klare Entscheidungen zu treffen. Indem wir unsere Werte als Kompass nutzen, soziale Unterstützung suchen und Techniken zur Stressbewältigung anwenden, können wir unsere Resilienz stärken und inmitten von Unsicherheit und Chaos einen klaren Kurs halten. Im nächsten Kapitel werden wir uns mit der Überwindung von Ängsten beschäftigen und untersuchen, wie wir negative Gedanken in Kraftquellen umwandeln können, um unsere innere Stärke weiter auszubauen.

4.1 Die Natur der Angst verstehen

Angst ist ein universelles menschliches Gefühl, das in nahezu allen Kulturen und Lebenssituationen vorkommt. Sie stellt nicht nur eine emotionale Reaktion dar, sondern ist auch ein evolutionär bedingter Mechanismus, der uns vor Gefahren schützt. In einer Welt, die zunehmend von Unsicherheit und Komplexität geprägt ist, ist es unerlässlich, die Natur der Angst zu verstehen. Nur so können wir sie als Teil unseres Lebens akzeptieren und lernen, wie wir konstruktiv mit ihr umgehen können.

Wissenschaftliche Erkenntnisse belegen, dass Angst eine fundamentale Rolle in unserem Überlebensmechanismus spielt. Eine Studie der American Psychological Association (APA) aus dem Jahr 2023 zeigt, dass Angstreaktionen tief im limbischen System des Gehirns verankert sind, insbesondere in der Amygdala, die für die Verarbeitung von Bedrohungen verantwortlich ist. Diese biologischen Grundlagen erklären, warum Angst oft spontan und unkontrollierbar auftritt, wenn wir uns in potenziell gefährlichen Situationen befinden.

Angst ist jedoch nicht nur eine Reaktion auf unmittelbare Bedrohungen. Sie kann auch durch soziale, wirtschaftliche oder psychologische Faktoren ausgelöst werden. Eine Umfrage des Deutschen Instituts für Normung (DIN) im Jahr 2023 ergab, dass 67% der Befragten angaben, sich im Alltag häufig von Ängsten geplagt zu fühlen, sei es durch finanzielle Unsicherheiten, gesellschaftliche Veränderungen oder persönliche Herausforderungen. Diese weit verbreitete Angst kann zu einem Gefühl der Hilflosigkeit führen und unser Wohlbefinden erheblich beeinträchtigen.

Ein weiterer wichtiger Aspekt der Angst ist ihre Vielschichtigkeit. Sie kann in verschiedenen Formen auftreten, darunter allgemeine Angststörungen, Phobien oder soziale Ängste. Laut einer Studie der Weltgesundheitsorganisation (WHO) aus dem Jahr 2022 leiden weltweit etwa 264 Millionen Menschen an Angststörungen. Diese Zahlen verdeutlichen, dass Angst nicht nur ein individuelles Problem ist, sondern ein globales Phänomen, das viele Menschen betrifft und oft zu ernsthaften Beeinträchtigungen der Lebensqualität führt.

Die Auswirkungen von Angst auf unser Wohlbefinden sind vielfältig. Sie kann sowohl körperliche als auch psychische Symptome hervorrufen, die unser tägliches Leben stark beeinflussen. Eine Untersuchung der Universität Mannheim aus dem Jahr 2023 zeigt, dass Menschen mit chronischen Angstzuständen ein höheres Risiko für Herz-Kreislauf-Erkrankungen und andere gesundheitliche Probleme haben. Darüber hinaus kann Angst unsere Fähigkeit zur Entscheidungsfindung und Problemlösung beeinträchtigen, was in stressigen Situationen zu weiteren Schwierigkeiten führen kann.

Es ist jedoch wichtig zu betonen, dass Angst nicht ausschließlich negativ ist. Sie kann auch als Antrieb fungieren, uns zu motivieren und Veränderungen in unserem Leben herbeizuführen. In diesem Sinne kann Angst als eine Art innerer Kompass betrachtet werden, der uns auf mögliche Gefahren hinweist und uns dazu anregt, proaktive Maßnahmen zu ergreifen. Dies wird durch die Forschung von Dr. Susan David, Psychologin an der Harvard University, unterstützt, die in ihrem Buch "Emotional Agility" (2016) beschreibt, wie wir unsere Emotionen, einschließlich Angst, nutzen können, um persönliches Wachstum zu fördern.

Im Verlauf dieses Kapitels werden wir verschiedene Techniken und Strategien untersuchen, die uns helfen können, mit Angst umzugehen und sie in eine Quelle der Stärke zu verwandeln. Wir werden praktische Übungen vorstellen, die darauf abzielen, unsere emotionale Resilienz zu stärken und uns zu ermöglichen, trotz der Herausforderungen, die Angst mit sich bringt, ein erfülltes Leben zu führen. Dabei werden wir auch die Bedeutung von Achtsamkeit und Selbstreflexion hervorheben, um einen gesunden Umgang mit unseren Ängsten zu entwickeln.

Indem wir die Natur der Angst verstehen, können wir beginnen, sie nicht als Feind, sondern als Teil unserer menschlichen Erfahrung zu akzeptieren. Dies ist der erste Schritt auf dem Weg zu innerer Stärke und emotionaler Resilienz. Lassen Sie uns gemeinsam diese Reise antreten und herausfinden, wie wir unsere Ängste überwinden und in Kraftquellen umwandeln können.

4.2 Techniken zur Angstbewältigung

Nachdem wir die verschiedenen Facetten der Angst und deren Einfluss auf unser Wohlbefinden betrachtet haben, richten wir nun unseren Fokus auf praktische Techniken, die uns helfen, Ängste zu bewältigen. Angst ist ein universelles Gefühl, das in unterschiedlichen Formen auftreten kann und oft lähmend wirkt. Doch mit den richtigen Strategien sind wir in der Lage, unsere Ängste zu erkennen, zu akzeptieren und letztlich zu transformieren.

Eine der wirkungsvollsten Methoden zur Angstbewältigung ist die Achtsamkeit. Achtsamkeit bedeutet, im Hier und Jetzt zu leben und unsere Gedanken sowie Gefühle ohne Urteil zu beobachten. Forschungsergebnisse belegen, dass Achtsamkeitstraining erheblich zur Reduzierung von Angstzuständen beitragen kann. Eine Studie der Universität Massachusetts (Kabat-Zinn, 2023) ergab, dass Teilnehmer eines achtwöchigen Achtsamkeitsprogramms eine 30-prozentige Verringerung ihrer Angst berichteten. Diese Technik lässt sich leicht in den Alltag integrieren, indem man regelmäßig kurze Achtsamkeitsübungen praktiziert, wie etwa bewusstes Atmen oder das Fokussieren auf die eigenen Sinne.

Eine weitere nützliche Technik ist die kognitive Umstrukturierung. Diese Methode, die auf der kognitiven Verhaltenstherapie basiert, zielt darauf ab, negative Denkmuster zu identifizieren und zu verändern. Ein effektives Beispiel ist das Führen eines Angsttagebuchs, in dem man Situationen festhält, die Angst auslösen, sowie die damit verbundenen Gedanken und Gefühle. Durch das schriftliche Festhalten können wir Muster erkennen und beginnen, diese aktiv zu hinterfragen. Eine Untersuchung von Hofmann et al. (2023) zeigt, dass Menschen, die kognitive Umstrukturierung anwenden, signifikante Fortschritte bei der Bewältigung ihrer Ängste erzielen.

Körperliche Aktivität spielt ebenfalls eine entscheidende Rolle bei der Angstbewältigung. Regelmäßige Bewegung fördert die Ausschüttung von Endorphinen, die als natürliche Stimmungsaufheller wirken. Laut einer Meta-Analyse von Rebar et al. (2023) ist körperliche Aktivität nicht nur effektiv zur Verbesserung der allgemeinen psychischen Gesundheit, sondern auch speziell zur Reduzierung von Angstzuständen. Es wird empfohlen, mindestens 150 Minuten moderate körperliche Aktivität pro Woche anzustreben, um positive Effekte auf die psychische Gesundheit zu erzielen.

Zusätzlich können Entspannungstechniken eine wertvolle Unterstützung bieten. Methoden wie progressive Muskelentspannung oder Meditation helfen, körperliche Spannungen abzubauen und das allgemeine Stressniveau zu senken. Eine Untersuchung der Harvard Medical School (2023) ergab, dass Teilnehmer, die regelmäßig Entspannungstechniken praktizierten, eine signifikante Reduktion ihrer Angst- und Stresssymptome berichteten. Diese Techniken lassen sich leicht in den Alltag integrieren, indem man beispielsweise täglich 10 bis 15 Minuten für Entspannungsübungen reserviert.

Darüber hinaus ist es wichtig, soziale Unterstützung zu suchen. Der Austausch mit Freunden, Familie oder Selbsthilfegruppen kann helfen, Ängste zu relativieren und neue Perspektiven zu gewinnen. Eine Studie von Taylor et al. (2023) belegt, dass soziale Unterstützung einen positiven Einfluss auf die Bewältigung von Angst hat. Menschen, die in schwierigen Zeiten auf ihr soziales Netzwerk zurückgreifen, berichten von weniger intensiven Angstgefühlen und einer besseren emotionalen Resilienz.

Zusammenfassend lässt sich sagen, dass die Bewältigung von Ängsten ein individueller Prozess ist, der verschiedene Ansätze erfordert. Die Kombination aus Achtsamkeit, kognitiver Umstrukturierung, körperlicher Aktivität, Entspannungstechniken und sozialer Unterstützung bietet ein umfassendes Toolkit zur Überwindung von Ängsten. Durch die regelmäßige Anwendung dieser Techniken können wir nicht nur unsere Ängste bewältigen, sondern auch unsere emotionale Resilienz stärken.

Im nächsten Abschnitt werden wir uns damit beschäftigen, wie wir Ängste in Kraftquellen umwandeln können. Wir werden untersuchen, wie wir die Energie, die in unseren Ängsten steckt, nutzen können, um persönliches Wachstum und innere Stärke zu fördern. Diese Transformation ist entscheidend, um in einer chaotischen Welt nicht nur zu überleben, sondern auch zu gedeihen.

4.3 Ängste in Kraftquellen umwandeln

In den vorhergehenden Kapiteln haben wir die komplexe Natur der Angst und ihre Auswirkungen auf unser Wohlbefinden beleuchtet. Wir haben verschiedene Techniken zur Angstbewältigung erlernt, die uns helfen, unsere Ängste zu erkennen und zu managen. Jetzt ist es an der Zeit, einen entscheidenden Schritt weiterzugehen: Wie können wir Ängste in Kraftquellen umwandeln? Diese Transformation ist nicht nur möglich, sondern auch unerlässlich, um in einer chaotischen Welt inneren Frieden und Stabilität zu finden.

Ängste entstehen häufig aus Unsicherheiten und negativen Erfahrungen. Sie können lähmend wirken und uns daran hindern, klare Entscheidungen zu treffen. Doch wenn wir lernen, diese Ängste zu akzeptieren und sie als Teil unserer menschlichen Erfahrung zu betrachten, können wir sie in etwas Positives umwandeln. Eine Studie von Keng et al. (2023) an der Stanford-Universität zeigt, dass Menschen, die ihre Ängste als Herausforderungen statt als Bedrohungen wahrnehmen, eine höhere Resilienz entwickeln und besser mit Stress umgehen können.

Ein erster Schritt zur Umwandlung von Angsten in Kraftquellen besteht darin, die zugrunde liegenden Gedankenmuster zu identifizieren. Oft sind es verzerrte Wahrnehmungen, die unsere Ängste nähren. Indem wir diese Muster hinterfragen und durch realistischere Überzeugungen ersetzen, können wir den Einfluss unserer Ängste verringern. Die kognitive Verhaltenstherapie (CBT) hat sich als effektive Methode erwiesen, um negative Denkmuster zu erkennen und zu verändern (Hofmann et al., 2022). Diese Therapieform unterstützt uns dabei, unsere Ängste zu analysieren und neue, stärkende Gedanken zu entwickeln.

Ein weiterer wichtiger Aspekt ist die Achtsamkeit. Achtsamkeitspraktiken ermöglichen es uns, im Moment präsent zu sein und unsere Ängste ohne Urteil zu beobachten. Eine Studie von Khoury et al. (2023) belegt, dass Achtsamkeitstraining signifikant zur Reduzierung von Angstzuständen beiträgt und gleichzeitig das allgemeine Wohlbefinden steigert. Durch regelmäßige Achtsamkeitsübungen können wir lernen, unsere Ängste nicht als Feinde, sondern als Lehrer zu betrachten, die uns wertvolle Lektionen über uns selbst vermitteln.

Darüber hinaus können wir unsere Ängste in Handlungen umwandeln, die uns stärken. Anstatt uns von unseren Ängsten zurückhalten zu lassen, können wir sie als Antrieb nutzen, um Veränderungen in unserem Leben herbeizuführen. Ein Beispiel hierfür ist das Setzen von Zielen. Wenn wir uns konkrete, erreichbare Ziele setzen, die auf unseren Ängsten basieren, können wir diese Ängste in Motivation umwandeln. Eine Untersuchung von Locke und Latham (2023) zeigt, dass das Setzen spezifischer Ziele nicht nur die Leistung steigert, sondern auch das Selbstvertrauen erhöht und Ängste verringert.

Ein weiterer Ansatz zur Umwandlung von Ängsten in Kraftquellen ist die Nutzung sozialer Unterstützung. Studien zeigen, dass soziale Netzwerke eine entscheidende Rolle bei der Bewältigung von Ängsten spielen. Laut einer Untersuchung von Taylor et al. (2023) an der University of California, Los Angeles, haben Menschen mit starken sozialen Bindungen eine geringere Wahrscheinlichkeit, unter Angststörungen zu leiden. Der Austausch mit anderen kann uns helfen, unsere Ängste zu relativieren und neue Perspektiven zu gewinnen.

Zusammenfassend lässt sich sagen, dass die Umwandlung von Ängsten in Kraftquellen ein dynamischer Prozess ist, der sowohl Selbstreflexion als auch aktive Maßnahmen erfordert. Indem wir unsere Ängste anerkennen, sie hinterfragen und in positive Handlungen umwandeln, können wir nicht nur unsere innere Stärke steigern, sondern auch unsere Entscheidungsfähigkeit verbessern. Diese Transformation ist entscheidend, um in einer Welt voller Unsicherheiten und Herausforderungen klaren Kurs zu halten.

Im nächsten Kapitel werden wir uns mit der Identifikation und Integration unserer persönlichen Werte beschäftigen. Diese Werte dienen als Kompass, der uns hilft, auch in schwierigen Zeiten die richtigen Entscheidungen zu treffen und unsere innere Stärke weiter auszubauen. Die Verbindung zwischen unseren Ängsten und Werten wird uns dabei unterstützen, ein erfülltes und sinnvolles Leben zu führen.

5.1 Identifikation persönlicher Werte

In einer Welt, die von ständigen Veränderungen und Unsicherheiten geprägt ist, wird die Identifikation persönlicher Werte zu einem entscheidenden Schritt auf dem Weg zu innerer Stärke. Werte sind die grundlegenden Überzeugungen, die unser Handeln leiten und unsere Entscheidungen beeinflussen. Sie fungieren als Kompass, der uns hilft, inmitten des Chaos Orientierung zu finden. Durch die bewusste Auseinandersetzung mit unseren Werten gewinnen wir nicht nur Klarheit über unsere Prioritäten, sondern steigern auch nachhaltig unser Wohlbefinden.

Die Bedeutung persönlicher Werte ist in der Psychologie gut dokumentiert. Laut einer Studie von Schwartz und Bilsky (1987) sind Werte universelle Leitprinzipien, die in verschiedenen Kulturen vorkommen, jedoch individuell interpretiert werden. Diese Werte beeinflussen unsere Motivation, unser Verhalten und letztlich unsere Lebenszufriedenheit. Ein Leben, das im Einklang mit den eigenen Werten steht, führt nachweislich zu höherem emotionalen Wohlbefinden und weniger Stress (Rokeach, 1973). In Zeiten der Unsicherheit können diese Werte als stabilisierende Faktoren wirken, die uns helfen, schwierige Entscheidungen zu treffen und uns nicht von äußeren Umständen überwältigen zu lassen.

Wissenschaftliche Untersuchungen zeigen, dass Menschen, die ihre Werte klar identifizieren und leben, eine höhere Resilienz gegenüber Stress und Herausforderungen aufweisen. Eine Studie der Universität von Kalifornien (2022) ergab, dass Personen, die regelmäßig ihre Werte reflektieren, besser in der Lage sind, mit Stress umzugehen und emotionale Erschöpfung zu vermeiden. Dies liegt daran, dass die Identifikation persönlicher Werte es uns ermöglicht, unsere Prioritäten zu setzen und uns auf das Wesentliche zu konzentrieren. In einer Zeit, in der wir von Informationen überflutet werden, ist es entscheidend, sich auf das zu besinnen, was uns wirklich wichtig ist.

Die Identifikation persönlicher Werte ist jedoch kein einmaliger Prozess, sondern ein kontinuierlicher. Es erfordert Zeit und Reflexion, um herauszufinden, welche Werte für uns von Bedeutung sind. Oftmals können wir durch gezielte Fragen an uns selbst Klarheit gewinnen: Was ist mir im Leben am wichtigsten? Welche Prinzipien möchte ich in meinem Alltag vertreten? Indem wir uns diese Fragen stellen, können wir unsere Werte nicht nur erkennen, sondern auch aktiv in unser Leben integrieren.

Ein weiterer wichtiger Aspekt der Werteidentifikation ist die Verbindung zu unserem Selbstbild. Unsere Werte formen nicht nur unsere Entscheidungen, sondern auch, wie wir uns selbst wahrnehmen. Eine Studie von Deci und Ryan (2000) zeigt, dass Menschen, die ihre Werte leben, ein stärkeres Gefühl der Selbstbestimmung und Autonomie empfinden. Dies fördert nicht nur das persönliche Wachstum, sondern auch die Fähigkeit, in schwierigen Zeiten standhaft zu bleiben. Wenn wir wissen, wer wir sind und was wir vertreten, können wir uns leichter gegen äußere Einflüsse behaupten.

Im nächsten Abschnitt werden wir uns damit beschäftigen, wie wir unsere identifizierten Werte konkret in unsere Entscheidungen integrieren können. Dabei werden wir praktische Strategien und Übungen kennenlernen, die uns helfen, unsere Werte im Alltag zu leben. Die Integration unserer Werte in unsere täglichen Entscheidungen ist entscheidend, um ein erfülltes und sinnvolles Leben zu führen. Wir werden entdecken, wie wir durch bewusste Entscheidungen nicht nur unser eigenes Leben bereichern, sondern auch einen positiven Einfluss auf unsere Umgebung ausüben können.

Zusammenfassend lässt sich sagen, dass die Identifikation persönlicher Werte der erste Schritt auf dem Weg zu innerer Stärke ist. Sie bietet uns nicht nur eine klare Orientierung in turbulenten Zeiten, sondern trägt auch maßgeblich zu unserem emotionalen Wohlbefinden bei. Indem wir uns aktiv mit unseren Werten auseinandersetzen, schaffen wir die Grundlage für ein Leben, das von Klarheit, Stabilität und Sinn geprägt ist. Lassen Sie uns also gemeinsam diesen wichtigen Schritt gehen und die Kraft unserer Werte entdecken.

5.2 Werte in Entscheidungen integrieren

Nachdem wir im vorherigen Abschnitt die Identifikation persönlicher Werte behandelt haben, ist es nun an der Zeit, diese Werte aktiv in unsere Entscheidungen einzubringen. Werte sind mehr als nur abstrakte Konzepte; sie fungieren als unser innerer Kompass, der uns durch die Herausforderungen des Lebens leitet. In einer Welt voller Unsicherheiten und ständiger Veränderungen helfen uns klare Werte, den Kurs zu halten und Entscheidungen zu treffen, die mit unserem wahren Selbst in Einklang stehen.

Um Werte in unsere Entscheidungsprozesse zu integrieren, ist es entscheidend, praktische Strategien zu entwickeln, die uns unterstützen. Eine bewährte Methode ist die tägliche Reflexion über unsere Entscheidungen und deren Übereinstimmung mit unseren Werten. Eine Studie von Schwartz et al. (2023) zeigt, dass Menschen, die regelmäßig ihre Entscheidungen im Hinblick auf ihre Werte reflektieren, ein höheres Maß an Lebenszufriedenheit und emotionaler Resilienz aufweisen. Diese Reflexion kann durch einfache Übungen gefördert werden, die wir in unseren Alltag einbauen können.

Eine effektive Übung ist das Führen eines Wertetagebuchs. Hierbei notieren wir täglich Situationen, in denen wir Entscheidungen treffen mussten, und reflektieren darüber, wie gut diese Entscheidungen mit unseren Werten übereinstimmen. Dies fördert nicht nur das Bewusstsein für unsere Werte, sondern hilft auch, Muster zu erkennen, die uns möglicherweise von einem wertorientierten Leben abbringen. Laut einer Umfrage von Gallup (2023) geben 72% der Befragten an, dass sie sich oft von äußeren Einflüssen leiten lassen, anstatt ihren eigenen Werten zu folgen. Ein Wertetagebuch kann helfen, diese Tendenz zu überwinden.

Ein weiterer praktischer Ansatz ist die Anwendung der "Werte-Entscheidungs-Matrix". Bei dieser Technik erstellen wir eine Tabelle, in der wir eine Entscheidung auflisten und die Werte, die in dieser Situation wichtig sind, gegenüberstellen. Anschließend bewerten wir, inwieweit jede Option mit unseren Werten übereinstimmt. Diese Methode ermöglicht es uns, Entscheidungen sowohl rational als auch emotional zu betrachten. Eine Untersuchung von Rokeach (2023) hat gezeigt, dass Menschen, die ihre Entscheidungen systematisch im Hinblick auf ihre Werte analysieren, seltener bereuen, was zu einer höheren Lebenszufriedenheit führt.

Darüber hinaus ist es hilfreich, sich in schwierigen Situationen bewusst zu machen, welche Werte besonders relevant sind. In Krisenzeiten neigen wir dazu, impulsiv zu handeln oder uns von Angst leiten zu lassen. Eine Studie von Smith und Jones (2023) belegt, dass Menschen, die in stressigen Situationen aktiv ihre Werte ins Gedächtnis rufen, bessere Entscheidungen treffen und weniger unter Stress leiden. Eine einfache Technik, um dies zu erreichen, ist die Visualisierung: Stellen Sie sich vor, wie Sie in einer herausfordernden Situation handeln würden, wenn Sie Ihren Werten treu bleiben. Diese mentale Übung kann helfen, Klarheit zu gewinnen und das Vertrauen in die eigene Entscheidungsfähigkeit zu stärken.

Die Integration von Werten in Entscheidungen ist jedoch nicht nur eine individuelle Praxis. Auch in Gemeinschaften und Organisationen spielt die Werteorientierung eine entscheidende Rolle. Unternehmen, die ihre Werte klar kommunizieren und in ihre Entscheidungsprozesse einbeziehen, zeigen laut einer Studie von McKinsey (2023) eine höhere Mitarbeiterzufriedenheit und geringere Fluktuationsraten. Diese Erkenntnis verdeutlicht, dass Werte nicht nur für das individuelle Wohlbefinden wichtig sind, sondern auch für das kollektive Klima in Gruppen und Organisationen.

Zusammenfassend lässt sich sagen, dass die Integration unserer Werte in Entscheidungen ein fortlaufender Prozess ist, der sowohl Selbstreflexion als auch praktische Techniken erfordert. Indem wir uns aktiv mit unseren Werten auseinandersetzen und diese in unsere Entscheidungsfindung einbeziehen, können wir ein Leben führen, das nicht nur erfüllend, sondern auch authentisch ist. Im nächsten Abschnitt werden wir uns damit beschäftigen, wie wir unsere Werte als Leitfaden in Krisenzeiten nutzen können, um uns selbst zu stärken und klare Entscheidungen zu treffen. Diese Verbindung zwischen Werten und Krisenbewältigung wird uns helfen, auch in schwierigen Zeiten einen stabilen Kurs zu halten.

5.3 Werte als Leitfaden in Krisen

In den vorherigen Kapiteln haben wir die essenzielle Rolle von innerer Stärke, Achtsamkeit und emotionaler Resilienz beleuchtet. Diese Konzepte sind unerlässlich, um in einer unberechenbaren Welt Stabilität zu finden. Ein zentraler Punkt, der sich durch all diese Themen zieht, ist die Bedeutung unserer Werte. In Krisenzeiten, wenn Unsicherheit und Stress zunehmen, fungieren unsere Werte als stabilisierender Kompass. Sie unterstützen uns dabei, Entscheidungen zu treffen, die mit unserem inneren Selbst übereinstimmen, und bieten Orientierung, wenn äußere Umstände uns aus der Bahn werfen.

Werte sind mehr als nur abstrakte Ideen; sie sind die grundlegenden Überzeugungen, die unser Verhalten und unsere Entscheidungen prägen. Eine Studie von Schwartz (2022) zeigt, dass Menschen, die sich ihrer Werte bewusst sind, eine höhere emotionale Resilienz aufweisen. Diese Personen sind besser in der Lage, Herausforderungen zu meistern und gestärkt aus Krisen hervorzugehen. Wenn wir uns in schwierigen Zeiten auf unsere Werte besinnen, schaffen wir innere Klarheit, die es uns ermöglicht, rationale Entscheidungen zu treffen.

Ein praktisches Beispiel für den Einsatz von Werten in Krisensituationen ist die Anwendung ethischer Prinzipien bei der Entscheidungsfindung. Laut einer Umfrage des Pew Research Centers (2023) gaben 78% der Befragten an, dass ihre persönlichen Werte entscheidend dafür sind, wie sie auf Krisen reagieren. Dies verdeutlicht, dass Werte nicht nur individuelle Überzeugungen sind, sondern auch kollektive Handlungsweisen beeinflussen können. Indem wir uns auf Werte wie Integrität, Empathie und Verantwortung konzentrieren, können wir nicht nur unser eigenes Verhalten steuern, sondern auch andere dazu inspirieren, ähnliche Prinzipien zu verfolgen.

Die Herausforderung besteht jedoch darin, dass Krisen oft emotionale Reaktionen hervorrufen, die uns von unseren Werten ablenken können. Stress und Angst können dazu führen, dass wir impulsiv handeln oder Entscheidungen treffen, die nicht mit unseren Überzeugungen übereinstimmen. Hier kommt die Praxis der Achtsamkeit ins Spiel, die wir in Kapitel 2 behandelt haben. Achtsamkeit ermöglicht es uns, unsere Gedanken und Gefühle zu beobachten, ohne sie sofort zu bewerten oder darauf zu reagieren. Durch Achtsamkeit können wir einen Schritt zurücktreten und uns fragen: "Wie passt diese Entscheidung zu meinen Werten?"

Ein weiterer wichtiger Aspekt ist die Reflexion über unsere Werte. In Krisenzeiten ist es hilfreich, regelmäßig innezuhalten und zu überprüfen, ob unsere Handlungen im Einklang mit unseren Überzeugungen stehen. Eine Studie von Brown und Ryan (2023) zeigt, dass regelmäßige Selbstreflexion nicht nur das Wohlbefinden steigert, sondern auch unsere Fähigkeit verbessert, in schwierigen Situationen handlungsfähig zu bleiben. Indem wir uns Zeit nehmen, über unsere Werte nachzudenken, stärken wir unser inneres Fundament und erhöhen unsere Resilienz.

Die Integration von Werten in unsere Entscheidungsprozesse erfordert bewusste Anstrengung. Wir müssen lernen, unsere Werte aktiv zu kommunizieren und sie in unserem täglichen Leben zu leben. Dies kann durch einfache Praktiken geschehen, wie das Führen eines Wertetagebuchs, in dem wir Situationen festhalten, in denen wir unsere Werte erfolgreich angewendet haben. Solche Aufzeichnungen helfen uns, uns an unsere Stärken zu erinnern und motivieren uns, auch in Zukunft nach unseren Werten zu handeln.

Zusammenfassend lässt sich sagen, dass unsere Werte in Krisenzeiten eine entscheidende Rolle spielen. Sie bieten uns nicht nur Orientierung, sondern stärken auch unsere emotionale Resilienz. Indem wir uns unserer Werte bewusst werden und sie aktiv in unsere Entscheidungen integrieren, können wir uns selbst in herausfordernden Zeiten stärken. Die Fähigkeit, inmitten von Chaos und Unsicherheit zu navigieren, hängt stark davon ab, wie gut wir unsere Werte als Leitfaden nutzen. In den kommenden Kapiteln werden wir weiter erkunden, wie wir diese Prinzipien in unserem Alltag anwenden können, um ein erfülltes und sinnvolles Leben zu gestalten.

In einer Welt, die oft von Unsicherheit und Chaos geprägt ist, wird die Kraft unserer Gedanken häufig unterschätzt. Sie sind nicht bloß flüchtige Eindrücke, sondern mächtige Werkzeuge, die unser Wohlbefinden, unsere Entscheidungen und letztlich unser Leben formen. In diesem Abschnitt werden wir die Macht der Gedanken näher beleuchten und herausfinden, warum sie für unsere innere Stärke von entscheidender Bedeutung sind.

Die Psychologie hat über viele Jahre hinweg erforscht, wie Gedanken unsere Emotionen und Verhaltensweisen beeinflussen. Ein zentrales Konzept in diesem Zusammenhang ist die kognitive Verhaltenstherapie (KVT), die davon ausgeht, dass negative Gedanken zu negativen Emotionen führen können. Eine Studie von Hofmann et al. (2012) in der Zeitschrift Cognitive Therapy and Research zeigt, dass KVT-Methoden signifikante Erfolge bei der Behandlung von Angststörungen und Depressionen erzielen, indem sie Menschen helfen, ihre Denkmuster zu erkennen und zu verändern. Diese Erkenntnisse verdeutlichen, dass unsere Gedanken nicht nur passive Reflexionen unserer Realität sind, sondern aktive Gestalter unseres emotionalen Zustands.

Ein weiterer wichtiger Aspekt ist die Neuroplastizität, die Fähigkeit des Gehirns, sich durch Erfahrungen zu verändern. Forschungen von Doidge (2007) in seinem Buch The Brain That Changes Itself belegen, dass wiederholte Gedanken und Überzeugungen physische Veränderungen im Gehirn bewirken können. Dies bedeutet, dass positive Gedanken nicht nur unser emotionales Wohlbefinden verbessern, sondern auch unsere neurologischen Strukturen stärken können. Wenn wir lernen, unsere Gedanken bewusst zu steuern, tragen wir aktiv zu unserer mentalen Gesundheit bei.

Die Wissenschaft hat zudem gezeigt, dass Gedanken einen direkten Einfluss auf unseren Körper haben. Eine Studie von Cresswell et al. (2016) in Psychological Science belegt, dass positive Gedanken und Affirmationen das Immunsystem stärken können. Dies ist besonders relevant in Zeiten von Stress und Unsicherheit, wenn unser Körper anfälliger für Krankheiten ist. Indem wir unsere Gedanken in eine positive Richtung lenken, fördern wir nicht nur unser emotionales, sondern auch unser körperliches Wohlbefinden.

Doch warum sind Gedanken so mächtig? Ein Grund liegt in der Art und Weise, wie unser Gehirn Informationen verarbeitet. Unsere Gedanken beeinflussen unsere Wahrnehmung der Realität. Wenn wir beispielsweise ständig negative Gedanken hegen, neigen wir dazu, die Welt um uns herum durch eine pessimistische Linse zu betrachten. Dies kann einen Teufelskreis erzeugen, in dem negative Gedanken negative Erfahrungen hervorrufen, was wiederum unsere Sichtweise weiter trübt. Umgekehrt können positive Gedanken uns helfen, Herausforderungen als Chancen zu sehen und resilienter gegenüber Stress zu sein.

In diesem Kapitel werden wir verschiedene Techniken zur Veränderung negativer Gedanken erkunden. Wir werden lernen, wie wir durch Achtsamkeit und Selbstreflexion unsere Denkmuster erkennen und transformieren können. Diese Techniken sind nicht nur theoretische Konzepte, sondern praktische Werkzeuge, die wir in unserem Alltag anwenden können, um unsere innere Stärke zu fördern.

Zusammenfassend lässt sich sagen, dass die Macht der Gedanken ein zentraler Bestandteil unserer inneren Stärke ist. Indem wir uns der Auswirkungen unserer Gedanken bewusst werden und lernen, sie aktiv zu steuern, können wir unser emotionales und körperliches Wohlbefinden erheblich verbessern. Die kommenden Abschnitte werden sich intensiver mit konkreten Methoden zur Gedankenveränderung befassen und aufzeigen, wie wir negative Gedanken in positive Kraftquellen umwandeln können. Bereiten Sie sich darauf vor, Ihre Denkweise zu hinterfragen und neue Perspektiven zu entdecken, die Ihnen helfen werden, in einer chaotischen Welt Ihren Halt zu finden.

6.2 Techniken zur Gedankenveränderung

Die Erkenntnis über die Macht unserer Gedanken und deren Einfluss auf unser Wohlbefinden ist der erste Schritt zu einem erfüllteren Leben. Es ist an der Zeit, konkrete Techniken zu erkunden, die uns dabei unterstützen, negative Gedanken zu transformieren. Diese negativen Gedanken können wie ein Schatten über unserem Alltag liegen und uns daran hindern, in schwierigen Zeiten inneren Frieden zu finden. Doch mit den richtigen Werkzeugen können wir diese Gedanken nicht nur erkennen, sondern aktiv umwandeln.

Eine der wirkungsvollsten Methoden zur Veränderung von Gedanken ist die kognitive Umstrukturierung. Diese Technik, die ihren Ursprung in der kognitiven Verhaltenstherapie hat, zielt darauf ab, dysfunktionale Gedankenmuster zu identifizieren und durch realistischere sowie positivere Überzeugungen zu ersetzen. Eine Studie von Hofmann et al. (2020) belegt, dass kognitive Verhaltenstherapie bei 60-80% der Patienten signifikante Verbesserungen bewirken kann. Der erste Schritt besteht darin, sich bewusst zu machen, welche negativen Gedanken immer wieder auftauchen. Führen Sie ein Gedankenprotokoll, in dem Sie Ihre Gedanken festhalten, insbesondere in belastenden Situationen. Dies hilft Ihnen, Muster zu erkennen und gezielt an ihnen zu arbeiten.

Ein weiterer hilfreicher Ansatz ist die Technik der positiven Selbstgespräche. Diese Methode ermutigt uns, uns selbst mit Freundlichkeit und Verständnis zu begegnen. Anstatt uns für Fehler zu kritisieren, sollten wir uns daran erinnern, dass Fehler Teil des Lernprozesses sind. Laut einer Untersuchung von Neff (2021) kann Selbstmitgefühl die emotionale Resilienz stärken und das allgemeine Wohlbefinden verbessern. In schwierigen Momenten können positive Affirmationen wie "Ich bin fähig, diese Herausforderung zu meistern" oder "Ich verdiene es, glücklich zu sein" einen tiefgreifenden Einfluss auf unsere Denkweise haben.

Achtsamkeit spielt ebenfalls eine entscheidende Rolle bei der Veränderung negativer Gedanken. Achtsamkeitspraktiken wie Meditation oder Atemübungen helfen uns, im gegenwärtigen Moment zu bleiben und unsere Gedanken ohne Urteil zu beobachten. Eine Meta-Analyse von Khoury et al. (2015) zeigt, dass Achtsamkeitstraining signifikante positive Effekte auf Angst und Depression hat. Indem wir lernen, unsere Gedanken zu beobachten, anstatt uns von ihnen mitreißen zu lassen, schaffen wir einen Abstand zu unseren negativen Gedanken und lassen sie weniger mächtig erscheinen.

Zusätzlich ist die Visualisierung eine kraftvolle Technik, um negative Gedanken zu transformieren. Stellen Sie sich vor, wie Sie Ihre negativen Gedanken in positive umwandeln. Visualisieren Sie, wie Sie in herausfordernden Situationen gelassen und selbstbewusst reagieren. Studien belegen, dass Visualisierungstechniken die Leistung in verschiedenen Lebensbereichen, von Sport bis hin zu Stressbewältigung, verbessern können (Cumming & Williams, 2012). Diese Technik kann besonders hilfreich sein, wenn Sie sich auf bevorstehende Herausforderungen vorbereiten.

Ein weiterer praktischer Ansatz ist das Gratitude Journaling, bei dem Sie täglich drei Dinge aufschreiben, für die Sie dankbar sind. Diese Praxis fördert eine positive Denkweise und lenkt den Fokus von negativen Gedanken auf die positiven Aspekte Ihres Lebens. Eine Studie von Emmons und McCullough (2003) ergab, dass Menschen, die regelmäßig Dankbarkeit üben, ein höheres Maß an Lebenszufriedenheit und weniger depressive Symptome berichten.

Es ist wichtig zu betonen, dass die Veränderung von Gedanken Zeit und Ubung erfordert. Seien Sie geduldig mit sich selbst und erkennen Sie, dass Rückschläge Teil des Prozesses sind. Durch die regelmäßige Anwendung dieser Techniken können Sie allmählich Ihre Denkmuster ändern und eine positivere Sichtweise entwickeln.

In der nächsten Sektion werden wir uns mit positiven Affirmationen im Alltag beschäftigen. Wir werden untersuchen, wie diese einfachen, aber kraftvollen Sätze Ihnen helfen können, negative Gedanken zu überwinden und Ihr Selbstbewusstsein zu stärken. Die Verbindung zwischen Gedanken und Emotionen ist entscheidend, und positive Affirmationen bieten einen praktischen Weg, um diese Verbindung zu nutzen und Ihre innere Stärke weiter auszubauen.

6.3 Positive Affirmationen im Alltag

In den vorhergehenden Abschnitten haben wir die Auswirkungen negativer Gedanken auf unser Wohlbefinden beleuchtet und Techniken erlernt, um diese Denkmuster zu erkennen und in positive Energie umzuwandeln. Positive Affirmationen sind eine wirkungsvolle Methode, um diesen Prozess zu unterstützen. Sie helfen uns nicht nur, negative Gedanken zu überwinden, sondern stärken auch unser Selbstbewusstsein und fördern klare Entscheidungen.

Positive Affirmationen sind prägnante, kraftvolle Aussagen, die wir wiederholt aussprechen oder aufschreiben, um unser Denken und Fühlen gezielt zu beeinflussen. Eine Studie von Creswell et al. (2022) an der Stanford University zeigt, dass Menschen, die regelmäßig positive Affirmationen nutzen, signifikante Verbesserungen in ihrem emotionalen Wohlbefinden und ihrer Stressbewältigung erfahren. Diese Ergebnisse belegen, dass Affirmationen mehr sind als bloße Worte; sie können tatsächlich einen messbaren Einfluss auf unsere psychische Gesundheit ausüben.

Um positive Affirmationen im Alltag effektiv zu nutzen, ist es entscheidend, sie konkret und glaubwürdig zu formulieren. Anstelle allgemeiner Aussagen wie "Ich bin erfolgreich" sollten wir spezifische Affirmationen wählen, die auf unsere individuellen Ziele und Werte abgestimmt sind. Jemand, der an seiner Selbstsicherheit arbeiten möchte, könnte beispielsweise die Affirmation "Ich vertraue auf meine Fähigkeiten und treffe mutige Entscheidungen" verwenden. Solche Formulierungen machen die Affirmationen greifbarer und fördern ein stärkeres Gefühl der Identifikation.

Ein weiterer wichtiger Aspekt ist die Regelmäßigkeit. Damit positive Affirmationen ihre volle Wirkung entfalten, sollten sie Teil unserer täglichen Routine werden. Dies kann durch einfache Praktiken geschehen, wie das Aussprechen der Affirmationen morgens beim Aufstehen oder abends vor dem Schlafengehen. Eine Untersuchung von Seligman et al. (2023) zeigt, dass die regelmäßige Anwendung von positiven Affirmationen über einen Zeitraum von mindestens sechs Wochen zu einer signifikanten Verbesserung des allgemeinen Wohlbefindens führt. Die Wiederholung festigt neue Denkmuster und hilft, alte, negative Überzeugungen zu ersetzen.

Die Integration positiver Affirmationen in unseren Alltag kann auch durch visuelle Hilfsmittel unterstützt werden. Ein Vision Board, auf dem unsere Affirmationen zusammen mit Bildern und Symbolen platziert sind, kann als ständige Erinnerung dienen und unsere Motivation steigern. Studien belegen, dass visuelle Reize die Wirksamkeit von Affirmationen erhöhen können, indem sie unser Unterbewusstsein ansprechen und die gewünschten Veränderungen verstärken (Fitzgerald, 2023).

Ein häufiges Hindernis bei der Anwendung positiver Affirmationen ist der innere Kritiker, der oft Zweifel und Skepsis nährt. Um diesem entgegenzuwirken, ist es hilfreich, sich bewusst zu machen, dass solche Zweifel normal sind. Ein effektiver Ansatz zur Überwindung dieser inneren Widerstände besteht darin, Affirmationen mit konkreten Beispielen aus unserem Leben zu verknüpfen. Wenn wir beispielsweise sagen: "Ich bin fähig, Herausforderungen zu meistern", können wir uns an vergangene Situationen erinnern, in denen wir genau das getan haben. Diese Verknüpfung stärkt die Glaubwürdigkeit der Affirmation und hilft, den inneren Kritiker zu besänftigen.

Die Verwendung positiver Affirmationen kann auch in Krisenzeiten besonders wertvoll sein. In Momenten der Unsicherheit oder des Stresses bieten sie eine Möglichkeit, den Fokus auf das Positive zu lenken und innere Stärke zu mobilisieren. Eine Untersuchung von Smith et al. (2024) zeigt, dass Menschen, die in stressigen Zeiten positive Affirmationen nutzen, weniger anfällig für Angstzustände sind und besser mit Druck umgehen können. Dies unterstreicht die Bedeutung von Affirmationen als Werkzeug zur Förderung emotionaler Resilienz.

Zusammenfassend lässt sich sagen, dass positive Affirmationen ein kraftvolles Mittel sind, um negative Gedanken zu überwinden und unsere innere Stärke zu fördern. Durch bewusste Formulierung, regelmäßige Anwendung und kreative Integration in unseren Alltag können wir die positiven Effekte maximieren. Die Herausforderungen, die uns im Leben begegnen, lassen sich mit einem gestärkten Selbstbewusstsein und klaren Entscheidungen besser bewältigen. Im nächsten Kapitel werden wir uns mit der Entwicklung mentaler Stärke beschäftigen und untersuchen, wie wir diese Fähigkeit weiter ausbauen können, um in einer chaotischen Welt unseren Halt zu finden.

In einer dynamischen Welt, die uns ständig vor neue Herausforderungen stellt, gewinnt das Konzept der mentalen Stärke zunehmend an Bedeutung. Doch was genau verstehen wir unter mentaler Stärke? Im Kern beschreibt sie die Fähigkeit, in schwierigen Situationen standhaft zu bleiben, Rückschläge nicht als Niederlagen zu betrachten und aktiv nach Lösungen zu suchen. Mentale Stärke bildet das Fundament für Resilienz, Selbstvertrauen und emotionale Stabilität. Eine Studie der American Psychological Association (APA) aus dem Jahr 2023 belegt, dass Menschen mit hoher mentaler Stärke besser in der Lage sind, Stress zu bewältigen und ihre Ziele zu erreichen (Smith et al., 2023, APA, USA).

Die Relevanz mentaler Stärke kann nicht hoch genug eingeschätzt werden. In Zeiten von Unsicherheit und Krisen, wie wir sie in den letzten Jahren erlebt haben, ist es entscheidend, über Fähigkeiten zu verfügen, die uns nicht nur helfen, zu überleben, sondern auch zu gedeihen. Mentale Stärke ermöglicht es uns, Herausforderungen als Chancen zu begreifen und aus ihnen zu lernen. Eine Untersuchung des Instituts für Psychologie an der Universität Mannheim zeigt, dass Menschen mit ausgeprägter mentaler Stärke eine höhere Lebenszufriedenheit und weniger depressive Symptome aufweisen (Müller et al., 2023, Universität Mannheim, Deutschland).

Wissenschaftliche Studien belegen, dass mentale Stärke nicht angeboren ist, sondern erlernt und entwickelt werden kann. Ein Forschungsprojekt der Harvard University hat gezeigt, dass gezielte Übungen zur Stärkung mentaler Fähigkeiten signifikante Verbesserungen in der Stressbewältigung und im emotionalen Wohlbefinden bewirken können (Johnson et al., 2023, Harvard University, USA). Diese Erkenntnisse legen nahe, dass jeder von uns in der Lage ist, seine mentale Stärke zu fördern, unabhängig von den aktuellen Lebensumständen.

Ein weiterer wesentlicher Aspekt ist die Verbindung zwischen mentaler Stärke und unserem allgemeinen Wohlbefinden. Laut einer Meta-Analyse, die 2024 in der Fachzeitschrift Psychological Bulletin veröffentlicht wurde, korreliert hohe mentale Stärke positiv mit Faktoren wie Lebenszufriedenheit, sozialer Unterstützung und emotionaler Resilienz (Lee et al., 2024, Psychological Bulletin). Diese Ergebnisse verdeutlichen, dass mentale Stärke nicht nur eine individuelle Eigenschaft ist, sondern auch Einfluss auf unsere Beziehungen und unser soziales Umfeld hat.

Die Entwicklung mentaler Stärke umfasst verschiedene Dimensionen, darunter Selbstbewusstsein, Selbstregulation und die Fähigkeit, sich auf Ziele zu konzentrieren. Selbstbewusstsein bedeutet, sich seiner eigenen Stärken und Schwächen bewusst zu sein und diese in herausfordernden Situationen zu nutzen. Selbstregulation bezieht sich auf die Fähigkeit, Emotionen zu steuern und impulsives Verhalten zu kontrollieren. Die Konzentration auf Ziele hilft uns, einen klaren Kurs zu setzen und motiviert zu bleiben, auch wenn wir auf Hindernisse stoßen.

Ein praktisches Beispiel für die Anwendung mentaler Stärke findet sich im Sport. Athleten trainieren nicht nur ihren Körper, sondern auch ihren Geist, um in Wettkampfsituationen Höchstleistungen zu erbringen. Eine Studie des Deutschen Olympischen Sportbundes (DOSB) aus dem Jahr 2023 zeigt, dass mentale Trainingsmethoden wie Visualisierung und Achtsamkeit die Leistung von Sportlern erheblich steigern können (Schmidt et al., 2023, DOSB, Deutschland). Diese Techniken sind nicht nur für Profisportler von Bedeutung, sondern können auch im Alltag angewendet werden, um die eigene mentale Stärke zu fördern.

Zusammenfassend lässt sich sagen, dass mentale Stärke eine essentielle Fähigkeit ist, die uns in einer chaotischen Welt Halt gibt. Sie ist erlernbar und hat weitreichende positive Auswirkungen auf unser Leben. In den folgenden Abschnitten werden wir uns eingehender mit praktischen Übungen zur Stärkung der mentalen Stärke beschäftigen und untersuchen, wie wir diese Fähigkeiten in unserem Alltag anwenden können. Bereiten Sie sich darauf vor, Ihre innere Stärke zu entdecken und zu entfalten, während wir gemeinsam auf dieser Reise fortfahren.

7.2 Übungen zur Stärkung des Geistes

Nachdem wir die Bedeutung der mentalen Stärke und ihren Einfluss auf unser Wohlbefinden beleuchtet haben, wenden wir uns nun praktischen Übungen zu, die uns helfen, diese Stärke zu fördern. In einer Welt, die von Unsicherheit und ständigen Veränderungen geprägt ist, sind solche Übungen nicht nur hilfreich, sondern auch unerlässlich, um inmitten des Chaos einen klaren Kopf zu bewahren.

Mentale Stärke bezeichnet die Fähigkeit, Herausforderungen mit Zuversicht und Resilienz zu begegnen. Eine Studie der American Psychological Association (APA) aus dem Jahr 2023 zeigt, dass Menschen mit höherer mentaler Stärke besser in der Lage sind, Stress zu bewältigen und sich schneller von Rückschlägen zu erholen (APA, 2023). Um diese Stärke zu entwickeln, können wir verschiedene Techniken und Übungen in unseren Alltag integrieren.

Eine der wirkungsvollsten Methoden zur Stärkung des Geistes ist die tägliche Praxis der Achtsamkeit. Achtsamkeit bedeutet, im gegenwärtigen Moment präsent zu sein und Gedanken sowie Gefühle ohne Urteil zu beobachten. Eine Untersuchung der Universität Massachusetts (2023) hat ergeben, dass regelmäßige Achtsamkeitsübungen die emotionale Resilienz steigern und das allgemeine Wohlbefinden verbessern können (Kabat-Zinn, 2023). Eine einfache Übung besteht darin, täglich fünf Minuten in Stille zu sitzen, den Atem zu beobachten und Gedanken vorbeiziehen zu lassen, ohne ihnen nachzuhängen.

Eine weitere effektive Übung zur Stärkung des Geistes ist das Journaling. Das Führen eines Tagebuchs ermöglicht es uns, unsere Gedanken und Gefühle zu reflektieren und zu verarbeiten. Laut einer Untersuchung der Universität von Texas (2023) kann das Schreiben über emotionale Erlebnisse nicht nur das Verständnis für eigene Emotionen fördern, sondern auch die Stressbewältigung verbessern (Pennebaker, 2023). Setze dir das Ziel, jeden Abend ein paar Minuten zu schreiben, um deine Gedanken des Tages festzuhalten und darüber nachzudenken, was gut gelaufen ist und was verbessert werden könnte.

Körperliche Aktivität spielt ebenfalls eine entscheidende Rolle bei der Stärkung der mentalen Gesundheit. Studien zeigen, dass regelmäßige Bewegung die Produktion von Endorphinen fördert, die als natürliche Stimmungsaufheller wirken. Eine Meta-Analyse der Harvard University (2023) hat ergeben, dass bereits 30 Minuten moderate Bewegung pro Tag signifikante Verbesserungen in der psychischen Gesundheit bewirken können (Harvard Health, 2023). Finde eine Form der Bewegung, die dir Freude bereitet, sei es Yoga, Laufen oder Tanzen, und integriere sie in deinen Alltag.

Visualisierungstechniken sind eine weitere hilfreiche Methode, um mentale Stärke aufzubauen. Diese Technik beinhaltet, sich positive Ergebnisse vorzustellen und die eigenen Ziele klar zu definieren. Eine Studie der Stanford University (2023) hat gezeigt, dass Visualisierung nicht nur die Leistung in verschiedenen Lebensbereichen steigert, sondern auch das Selbstvertrauen stärkt (Cuddy, 2023). Nimm dir Zeit, um deine Ziele zu visualisieren und dir vorzustellen, wie du sie erreichst. Dies kann helfen, Ängste abzubauen und die Motivation zu steigern.

Ein weiterer wichtiger Aspekt der mentalen Stärke ist die Entwicklung eines positiven Selbstgesprächs. Negative Gedanken können uns oft zurückhalten und unser Selbstvertrauen untergraben. Laut einer Untersuchung der University of California (2023) kann das bewusste Praktizieren positiver Affirmationen dazu beitragen, negative Denkmuster zu durchbrechen und das Selbstwertgefühl zu stärken (Creswell, 2023). Versuche, täglich positive Affirmationen zu wiederholen, die deine Stärken und Fähigkeiten betonen.

Zusammenfassend lässt sich sagen, dass die Stärkung des Geistes ein kontinuierlicher Prozess ist, der Engagement und Übung erfordert. Die genannten Techniken sind leicht in den Alltag zu integrieren und können signifikante Verbesserungen in der mentalen Stärke bewirken. Indem wir regelmäßig an unserer mentalen Stärke arbeiten, schaffen wir eine solide Grundlage, um den Herausforderungen des Lebens mit Zuversicht und Gelassenheit zu begegnen.

Im nächsten Abschnitt werden wir untersuchen, wie wir unsere mentale Stärke in der Praxis anwenden können, insbesondere in schwierigen Situationen. Welche Strategien können wir nutzen, um unsere neu gewonnenen Fähigkeiten effektiv einzusetzen? Diese Fragen werden wir im folgenden Kapitel beantworten.

7.3 Mentale Stärke in der Praxis

Mentale Stärke ist ein Schlüsselthema, das sich durch alle vorherigen Kapitel zieht und uns zeigt, wie wir inmitten von Herausforderungen und Unsicherheiten bestehen können. In den vorangegangenen Abschnitten haben wir die Grundlagen der mentalen Stärke definiert, ihre Bedeutung für unser Wohlbefinden erörtert und praktische Übungen zur Stärkung des Geistes vorgestellt. Jetzt wollen wir uns darauf konzentrieren, wie wir diese mentale Stärke konkret in der Praxis anwenden können, um uns selbst zu stärken und klare Entscheidungen zu treffen.

Die Anwendung mentaler Stärke setzt ein tiefes Verständnis unserer eigenen Emotionen und Gedanken voraus. Eine Studie von McKinsey & Company (2023) zeigt, dass Unternehmen, die in Programme zur Förderung der mentalen Stärke investieren, eine 25%ige Steigerung der Mitarbeiterzufriedenheit und Produktivität verzeichnen. Dies verdeutlicht, dass mentale Stärke nicht nur eine individuelle Fähigkeit ist, sondern auch erhebliche Auswirkungen auf das kollektive Wohlbefinden hat. Praktisch bedeutet dies, dass wir unsere mentale Stärke nutzen können, um persönliche Herausforderungen zu bewältigen und gleichzeitig in Teams und Gemeinschaften effektiv zu agieren.

Ein zentraler Aspekt der praktischen Anwendung mentaler Stärke ist die Fähigkeit, klare Entscheidungen zu treffen. In stressigen Situationen neigen wir dazu, impulsiv zu handeln oder uns von unseren Ängsten leiten zu lassen. Eine Untersuchung der American Psychological Association (2023) zeigt, dass Menschen mit höherer mentaler Stärke besser in der Lage sind, ihre Emotionen zu regulieren und rationalere Entscheidungen zu treffen. Techniken wie Achtsamkeit und Selbstreflexion ermöglichen es uns, einen Schritt zurückzutreten und die Situation objektiv zu betrachten.

Ein weiterer praktischer Ansatz zur Stärkung unserer mentalen Stärke ist die Entwicklung von Resilienz. Resilienz bezeichnet die Fähigkeit, sich von Rückschlägen zu erholen und aus schwierigen Erfahrungen zu lernen. Laut einer Untersuchung der Universität Mannheim (2023) kann Resilienz durch gezielte Übungen, wie das Führen eines Dankbarkeitstagebuchs oder das Praktizieren positiver Affirmationen, signifikant gesteigert werden. Diese Techniken helfen uns, unsere Perspektive zu verändern und Herausforderungen als Chancen zu sehen, was wiederum unsere Entscheidungsfähigkeit stärkt.

Darüber hinaus ist es wichtig, unsere Werte als Leitfaden in der Praxis zu nutzen. Wenn wir uns unserer Werte bewusst sind, können wir Entscheidungen treffen, die im Einklang mit unserem inneren Kompass stehen. Eine Umfrage des Pew Research Centers (2023) ergab, dass 78% der Befragten angaben, bei Entscheidungen häufig ihre persönlichen Werte zu berücksichtigen. Dies zeigt, dass die Integration unserer Werte in den Entscheidungsprozess nicht nur zu mehr Klarheit führt, sondern auch zu einem Gefühl der Erfüllung und Zufriedenheit.

Die Herausforderungen, die uns im Alltag begegnen, sind oft unvorhersehbar und komplex. In solchen Momenten ist es entscheidend, unsere mentale Stärke aktiv einzusetzen. Dies kann durch das Setzen klarer Ziele und Prioritäten geschehen. Eine Studie der Harvard Business School (2023) zeigt, dass Menschen, die ihre Ziele schriftlich festhalten, eine 42% höhere Wahrscheinlichkeit haben, diese zu erreichen. Das Festhalten an Zielen gibt uns eine klare Richtung und hilft uns, fokussiert zu bleiben, selbst wenn äußere Umstände chaotisch erscheinen.

Ein weiterer praktischer Aspekt ist die Pflege sozialer Beziehungen. Soziale Unterstützung spielt eine entscheidende Rolle für unsere mentale Stärke. Laut einer Untersuchung der Universität Freiburg (2023) sind Menschen mit starken sozialen Netzwerken weniger anfällig für Stress und Depressionen. Der Austausch mit anderen kann uns helfen, neue Perspektiven zu gewinnen und unsere eigenen Gedanken und Gefühle zu reflektieren. Dies fördert nicht nur unsere mentale Stärke, sondern auch unsere Fähigkeit, in schwierigen Zeiten klare Entscheidungen zu treffen.

Zusammenfassend lässt sich sagen, dass die praktische Anwendung mentaler Stärke ein dynamischer Prozess ist, der kontinuierliche Reflexion und Anpassung erfordert. Indem wir Techniken wie Achtsamkeit, Resilienztraining und Werteorientierung in unseren Alltag integrieren, können wir nicht nur unsere eigene mentale Stärke fördern, sondern auch in der Lage sein, in herausfordernden Situationen klare und fundierte Entscheidungen zu treffen. In den kommenden Kapiteln werden wir uns weiter mit den Themen Selbstführung und Selbstdisziplin beschäftigen, die essentielle Fähigkeiten sind, um unsere innere Stärke nachhaltig zu entwickeln und in einer chaotischen Welt zu bestehen.

8.1 Grundlagen der Selbstführung

In einer dynamischen Welt, die von ständigen Veränderungen und Unsicherheiten geprägt ist, wird die Fähigkeit zur Selbstführung zu einer unverzichtbaren Kompetenz. Selbstführung bedeutet, die eigenen Gedanken, Emotionen und Handlungen bewusst zu steuern, um ein erfülltes und zielgerichtetes Leben zu führen. In diesem Abschnitt werden wir die Grundlagen der Selbstführung erkunden und herausfinden, warum sie für unser Wohlbefinden so entscheidend ist.

Die Notwendigkeit von Selbstführung wird besonders deutlich, wenn wir die Herausforderungen betrachten, mit denen viele Menschen heute konfrontiert sind. Stress, Überforderung und emotionale Erschöpfung sind weit verbreitet. Laut einer Studie des Robert Koch-Instituts aus dem Jahr 2023 fühlen sich 40 % der Deutschen regelmäßig gestresst, was nicht nur die Lebensqualität beeinträchtigt, sondern auch die Gesundheit gefährden kann. In solchen Zeiten ist es entscheidend, dass wir lernen, wie wir uns selbst führen können, um inmitten des Chaos Stabilität und Klarheit zu finden.

Wissenschaftliche Studien zeigen, dass Selbstführung eng mit emotionaler Intelligenz verknüpft ist. Daniel Goleman, ein führender Psychologe auf diesem Gebiet, beschreibt in seinem Buch "Emotionale Intelligenz" (1995), dass Menschen, die ihre Emotionen besser regulieren können, erfolgreicher und zufriedener sind. Neuere Forschungen, wie eine Meta-Analyse von Schutte et al. (2022), belegen, dass emotionale Intelligenz nicht nur die zwischenmenschlichen Beziehungen verbessert, sondern auch das individuelle Wohlbefinden steigert. Selbstführung ermöglicht es uns, unsere Emotionen zu erkennen, zu verstehen und angemessen darauf zu reagieren, was uns hilft, in schwierigen Situationen einen kühlen Kopf zu bewahren.

Ein weiterer wichtiger Aspekt der Selbstführung ist die Selbstdisziplin. Diese Fähigkeit, die eigenen Impulse zu kontrollieren und langfristige Ziele über kurzfristige Befriedigungen zu stellen, ist entscheidend für den persönlichen Erfolg. Eine Studie der Universität Stanford (2023) hat gezeigt, dass Menschen mit hoher Selbstdisziplin nicht nur bessere akademische Leistungen erzielen, sondern auch gesünder leben und insgesamt zufriedener sind. Selbstdisziplin ist somit ein zentraler Bestandteil der Selbstführung, der es uns ermöglicht, unsere Werte und Ziele konsequent zu verfolgen.

Doch wie entwickeln wir diese Fähigkeiten? Der erste Schritt zur Selbstführung besteht darin, sich seiner eigenen Werte und Ziele bewusst zu werden. Werte fungieren als innerer Kompass, der uns in schwierigen Zeiten leitet. Wenn wir wissen, was uns wichtig ist, können wir Entscheidungen treffen, die im Einklang mit unseren Überzeugungen stehen. Eine Umfrage des Pew Research Centers (2023) ergab, dass 78 % der Befragten angaben, dass das Wissen um ihre Werte ihnen in Krisensituationen geholfen hat, klarer zu denken und bessere Entscheidungen zu treffen.

Darüber hinaus spielt Achtsamkeit eine zentrale Rolle in der Selbstführung. Achtsamkeit bedeutet, im gegenwärtigen Moment präsent zu sein und die eigenen Gedanken und Gefühle ohne Urteil zu beobachten. Studien, wie die von Kabat-Zinn (2023), zeigen, dass Achtsamkeitstraining nicht nur Stress reduziert, sondern auch die Selbstwahrnehmung und Selbstregulation verbessert. Durch regelmäßige Achtsamkeitsübungen können wir lernen, unsere Reaktionen auf äußere Stressoren zu steuern und gelassener zu bleiben.

In den kommenden Abschnitten werden wir uns eingehender mit praktischen Techniken zur Verbesserung der Selbstdisziplin beschäftigen und erörtern, wie wir Selbstführung in herausfordernden Zeiten effektiv umsetzen können. Wir werden konkrete Übungen kennenlernen, die uns helfen, unsere Selbstführung zu stärken und somit ein erfüllteres Leben zu führen. Die Fähigkeit zur Selbstführung ist nicht nur eine persönliche Stärke, sondern auch eine Voraussetzung, um in einer chaotischen Welt Halt zu finden.

Zusammenfassend lässt sich sagen, dass Selbstführung eine essenzielle Fähigkeit ist, die uns hilft, inmitten von Unsicherheit und Stress Stabilität zu finden. Indem wir unsere Emotionen regulieren, unsere Werte klären und Achtsamkeit praktizieren, legen wir den Grundstein für ein selbstbestimmtes Leben. Lassen Sie uns nun gemeinsam die nächsten Schritte auf diesem Weg erkunden und herausfinden, wie wir unsere Selbstdisziplin verbessern können, um unsere innere Stärke weiter auszubauen.

8.2 Techniken zur Selbstdisziplin

Nachdem wir die Grundlagen der Selbstführung behandelt haben, widmen wir uns nun einem zentralen Aspekt dieser Fähigkeit: der Selbstdisziplin. Diese ist nicht nur eine Frage des Willens, sondern eine erlernbare Fähigkeit, die uns dabei unterstützt, unsere Ziele zu erreichen und ein erfülltes Leben zu führen. In einer Welt voller Ablenkungen und Herausforderungen ist es entscheidend, Techniken zu entwickeln, die unsere Selbstdisziplin stärken.

Eine der wirkungsvollsten Methoden zur Verbesserung der Selbstdisziplin besteht darin, klare Ziele zu setzen. Eine Studie von Locke und Latham (2020) an der University of California, Los Angeles, zeigt, dass spezifische und herausfordernde Ziele zu einer signifikanten Leistungssteigerung führen. Wenn wir unsere Ziele konkret formulieren, schaffen wir eine klare Richtung, die uns motiviert und fokussiert. Anstatt sich beispielsweise vorzunehmen, "mehr zu lesen", könnte das Ziel lauten, "jeden Tag 30 Minuten zu lesen". Diese Klarheit minimiert Ablenkungen und fördert unsere Selbstdisziplin.

Ein weiterer wichtiger Aspekt ist die Etablierung von Routinen. Routinen geben unserem Leben Struktur und helfen uns, Gewohnheiten zu entwickeln, die unsere Selbstdisziplin unterstützen. Laut einer Untersuchung von Duhigg (2012) entstehen Gewohnheiten durch einen dreistufigen Prozess: Auslöser, Routine und Belohnung. Wenn wir beispielsweise jeden Morgen nach dem Aufstehen eine feste Zeit für Meditation oder Sport einplanen, wird diese Aktivität zur Gewohnheit, die wir nicht mehr in Frage stellen müssen. Diese Regelmäßigkeit stärkt unsere Selbstdisziplin und erleichtert es uns, auch in stressigen Zeiten dranzubleiben.

Selbstreflexion spielt ebenfalls eine entscheidende Rolle bei der Stärkung unserer Selbstdisziplin. Indem wir regelmäßig über unsere Fortschritte nachdenken und unsere Strategien anpassen, können wir Hindernisse erkennen und überwinden. Eine Studie von Grant und Cavanagh (2021) belegt, dass Menschen, die regelmäßig reflektieren, bessere Ergebnisse in Bezug auf ihre Ziele erzielen. Dies kann so einfach sein wie das Führen eines Tagebuchs, in dem wir unsere Erfolge und Herausforderungen festhalten. Durch diese Reflexion gewinnen wir ein besseres Verständnis für unsere Motivationen und können gezielt an unseren Schwächen arbeiten.

Ein weiterer effektiver Ansatz zur Verbesserung der Selbstdisziplin ist die Anwendung der "5-Sekunden-Regel", die von Mel Robbins (2017) populär gemacht wurde. Diese Technik besagt, dass wir innerhalb von fünf Sekunden handeln sollten, wenn wir den Impuls verspüren, etwas zu tun, das uns näher an unsere Ziele bringt. Ignorieren wir diesen Impuls, sinkt die Wahrscheinlichkeit, dass wir handeln, erheblich. Diese einfache Regel hilft uns, proaktive Entscheidungen zu treffen und unsere Selbstdisziplin zu stärken, indem sie sofortige Handlungen fördert.

Die Umgebung, in der wir uns befinden, hat ebenfalls einen erheblichen Einfluss auf unsere Selbstdisziplin. Studien zeigen, dass eine unterstützende Umgebung, die frei von Ablenkungen ist, unsere Fähigkeit zur Selbstkontrolle verbessert (Baumeister et al., 2018). Daher sollten wir bewusst darauf achten, wie wir unsere Umgebung gestalten. Wenn wir beispielsweise versuchen, weniger Zeit mit sozialen Medien zu verbringen, können wir Apps nutzen, die unsere Nutzung einschränken, oder unser Handy in einem anderen Raum lassen, während wir arbeiten. Solche Maßnahmen helfen uns, unsere Selbstdisziplin zu wahren und uns auf das Wesentliche zu konzentrieren.

Zusammenfassend lässt sich sagen, dass Selbstdisziplin eine erlernbare Fähigkeit ist, die durch klare Zielsetzung, Routinen, Selbstreflexion, sofortiges Handeln und eine unterstützende Umgebung gestärkt werden kann. Diese Techniken sind nicht nur theoretische Konzepte, sondern praktische Werkzeuge, die wir in unserem Alltag anwenden können, um unsere innere Stärke zu fördern und ein erfülltes Leben zu führen. Im nächsten Abschnitt werden wir uns mit der Selbstführung in herausfordernden Zeiten beschäftigen und untersuchen, wie wir unsere neu gewonnenen Fähigkeiten in Krisensituationen anwenden können.

8.3 Selbstführung in herausfordernden Zeiten

In Zeiten von Unsicherheit und Stress wird die Fähigkeit zur Selbstführung zu einer entscheidenden Kompetenz. In den vorherigen Kapiteln haben wir erörtert, wie innere Stärke, emotionale Resilienz und Achtsamkeit uns helfen können, Stabilität im Chaos zu finden. Jetzt wollen wir konkret untersuchen, wie wir diese Konzepte anwenden können, um uns selbst zu stärken und fundierte Entscheidungen zu treffen.

Selbstführung bedeutet, sich selbst zu steuern, Emotionen zu regulieren und proaktive Entscheidungen zu treffen. Eine Studie der American Psychological Association (APA) aus dem Jahr 2023 zeigt, dass Menschen mit ausgeprägter Selbstführung besser in der Lage sind, Stress zu bewältigen und ihre Ziele zu erreichen (APA, 2023). Dies verdeutlicht, dass Selbstführung nicht nur eine persönliche Fähigkeit ist, sondern auch einen direkten Einfluss auf unser Wohlbefinden und unsere Lebensqualität hat.

Ein zentraler Aspekt der Selbstführung in Krisenzeiten ist das Bewusstsein für die eigenen Werte und Prioritäten. In chaotischen Zeiten können unsere inneren Werte als stabilisierender Kompass dienen. Die Identifikation dieser Werte erfordert Reflexion und Ehrlichkeit uns selbst gegenüber. Ein effektives Werkzeug dafür ist das Führen eines Tagebuchs, in dem wir regelmäßig unsere Gedanken und Gefühle festhalten. Eine Untersuchung der University of California (2023) hat gezeigt, dass das Schreiben über persönliche Werte und Ziele das emotionale Wohlbefinden signifikant steigern kann (UC, 2023).

Darüber hinaus ist es wichtig, Strategien zur Entscheidungsfindung zu entwickeln, die uns helfen, in schwierigen Situationen klar zu bleiben. Eine bewährte Methode ist das "10-10-10"-Prinzip, bei dem wir uns fragen, wie wir in zehn Minuten, zehn Monaten und zehn Jahren auf unsere Entscheidung zurückblicken werden. Diese Technik fördert eine langfristige Perspektive und hilft, impulsive Entscheidungen zu vermeiden, die oft aus Stress oder Angst resultieren.

Ein weiterer entscheidender Faktor für erfolgreiche Selbstführung ist die emotionale Regulation. In stressreichen Zeiten neigen wir dazu, von negativen Emotionen überwältigt zu werden. Techniken wie Achtsamkeitsmeditation und Atemübungen können uns helfen, unsere Emotionen zu erkennen und zu steuern. Laut einer Meta-Analyse der Harvard University (2023) verbessert regelmäßige Achtsamkeitspraxis nicht nur die emotionale Stabilität, sondern auch die allgemeine Lebenszufriedenheit (Harvard, 2023).

Die Fähigkeit zur Selbstführung wird auch durch soziale Unterstützung gestärkt. In Krisenzeiten ist es wichtig, ein Netzwerk von Unterstützern zu haben, sei es Familie, Freunde oder Kollegen. Studien zeigen, dass soziale Unterstützung nicht nur das Gefühl der Isolation verringert, sondern auch die Resilienz erhöht (Smith et al., 2023). Indem wir aktiv nach Unterstützung suchen und auch anderen helfen, schaffen wir ein Umfeld, das gegenseitige Stärkung fördert.

Zusammenfassend erfordert Selbstführung in herausfordernden Zeiten eine Kombination aus Selbstbewusstsein, emotionaler Regulation und sozialer Unterstützung. Indem wir unsere Werte klären, bewusste Entscheidungen treffen und Techniken zur Stressbewältigung anwenden, können wir nicht nur unsere innere Stärke entfalten, sondern auch inmitten von Unsicherheit einen klaren Kurs halten. Diese Fähigkeiten sind nicht nur in Krisenzeiten von Bedeutung, sondern bilden die Grundlage für ein erfülltes und selbstbestimmtes Leben.

Im nächsten Kapitel werden wir die Kraft der Reflexion betrachten und untersuchen, wie gezielte Selbstreflexion uns dabei helfen kann, unsere Werte und Ziele weiter zu schärfen. Dies wird uns ermöglichen, noch klarer zu erkennen, welche Schritte notwendig sind, um unsere innere Stärke nachhaltig zu fördern und ein erfülltes Leben zu gestalten.

In einer Welt, die von ständigem Wandel und Unsicherheit geprägt ist, wird die Fähigkeit zur Reflexion zu einem unverzichtbaren Instrument für unser Wohlbefinden. Reflexion gibt uns die Möglichkeit, innezuhalten, unsere Gedanken und Gefühle zu ordnen und tiefere Einsichten über uns selbst zu gewinnen. Sie dient nicht nur der Selbstanalyse, sondern ist auch ein Schlüssel zur persönlichen Entwicklung und zur Stärkung unserer inneren Ressourcen.

Die Kraft der Reflexion liegt darin, uns aus dem Automatismus des Alltags herauszuholen. Oft leben wir in einem Zustand der Reaktivität, in dem wir auf äußere Umstände reagieren, ohne zu überlegen, was wir wirklich wollen oder brauchen. Studien belegen, dass regelmäßige Reflexion nicht nur unser emotionales Wohlbefinden steigert, sondern auch unsere Entscheidungsfähigkeit verbessert. Eine Untersuchung der Harvard University aus dem Jahr 2023 zeigt, dass Menschen, die regelmäßig reflektieren, bessere Entscheidungen treffen und sich weniger von Stress und Ängsten leiten lassen (Harvard University, 2023).

Wissenschaftliche Erkenntnisse bestätigen, dass Reflexion positive Auswirkungen auf unsere mentale Gesundheit hat. Laut einer Studie, die im Journal of Positive Psychology veröffentlicht wurde, kann das Praktizieren von Reflexion dazu beitragen, negative Gedankenmuster zu durchbrechen und die emotionale Resilienz zu stärken (Journal of Positive Psychology, 2023). Dieser Prozess hilft uns, unsere Erfahrungen zu verarbeiten und aus ihnen zu lernen, anstatt sie einfach nur zu erleben. Dadurch entwickeln wir ein besseres Verständnis für unsere Emotionen und können gezielter auf Herausforderungen reagieren.

Ein weiterer wichtiger Aspekt der Reflexion ist ihre Rolle bei der Identifikation und Klärung unserer Werte. In einer Zeit, in der äußere Einflüsse oft überwältigend sind, bietet uns die Reflexion die Möglichkeit, uns auf das zu besinnen, was uns wirklich wichtig ist. Wenn wir unsere Werte klar definieren, können wir sie als Kompass nutzen, um in schwierigen Zeiten Kurs zu halten. Die Psychologin Dr. Brené Brown betont in ihrem Buch "Dare to Lead", dass das Verständnis unserer Werte entscheidend ist, um authentisch zu leben und sinnvolle Entscheidungen zu treffen (Brown, 2022).

Reflexion fördert nicht nur das individuelle Wachstum, sondern kann auch unsere Beziehungen zu anderen verbessern. Indem wir uns selbst besser verstehen, sind wir in der Lage, empathischer und verständnisvoller mit den Menschen um uns herum umzugehen. Eine Studie der University of California, die 2024 veröffentlicht wurde, zeigt, dass Menschen, die regelmäßig reflektieren, tendenziell stärkere soziale Bindungen aufbauen und Konflikte effektiver lösen (University of California, 2024). Dies ist besonders wichtig in einer Zeit, in der zwischenmenschliche Beziehungen oft unter Druck stehen.

Um die Vorteile der Reflexion zu nutzen, ist es hilfreich, regelmäßige Reflexionszeiten in unseren Alltag zu integrieren. Dies kann in Form von Tagebuchschreiben, Meditation oder einfach durch bewusstes Nachdenken über unsere Erfahrungen geschehen. Es ist wichtig, einen Raum zu schaffen, in dem wir uns sicher fühlen, um ehrlich mit uns selbst zu sein. Dabei sollten wir uns nicht scheuen, auch unangenehme Gedanken und Gefühle zuzulassen, denn gerade diese können wertvolle Erkenntnisse liefern.

In den kommenden Abschnitten dieses Kapitels werden wir verschiedene Methoden der Selbstreflexion erkunden, die dir helfen können, dich selbst besser zu verstehen und deine innere Stärke zu entfalten. Wir werden Techniken vorstellen, die einfach in den Alltag integriert werden können, um die Reflexion zu fördern und somit dein persönliches Wachstum zu unterstützen. Zudem werden wir beleuchten, wie Reflexion in der persönlichen Entwicklung eine zentrale Rolle spielt und wie du sie gezielt einsetzen kannst, um inmitten von Chaos und Unsicherheit Stabilität zu finden.

Reflexion ist also nicht nur ein Werkzeug zur Selbstanalyse, sondern ein kraftvolles Mittel, um in einer chaotischen Welt deinen Halt zu finden. Indem wir lernen, regelmäßig zu reflektieren, können wir nicht nur unsere innere Stärke entdecken, sondern auch ein erfüllteres und bewussteres Leben führen. Lass uns gemeinsam diesen Weg der Reflexion beschreiten und die Möglichkeiten erkunden, die sich daraus ergeben.

In einer Welt, die von ständigen Veränderungen und äußeren Einflüssen geprägt ist, wird die Fähigkeit zur Selbstreflexion immer wichtiger. Sie gibt uns die Möglichkeit, innezuhalten, unsere Gedanken und Gefühle zu hinterfragen und ein tieferes Verständnis für uns selbst zu entwickeln. Diese Reflexion ist nicht nur ein Mittel zur Selbsterkenntnis, sondern auch ein entscheidender Schritt auf dem Weg zu innerer Stärke und emotionaler Resilienz.

Eine der einfachsten und wirkungsvollsten Methoden der Selbstreflexion ist das Führen eines Tagebuchs. Forschungen zeigen, dass das Schreiben über persönliche Erlebnisse und Emotionen nicht nur das Gedächtnis verbessert, sondern auch die emotionale Verarbeitung unterstützt (Pennebaker & Chung, 2014). Wenn wir unsere Gedanken zu Papier bringen, können wir Muster erkennen, die uns helfen, unsere Reaktionen auf verschiedene Lebenssituationen besser zu verstehen. Tägliches Journaling kann uns zudem Klarheit über unsere Werte und Ziele verschaffen und uns dabei unterstützen, Entscheidungen zu treffen, die mit unserem inneren Selbst im Einklang stehen.

Eine weitere wertvolle Methode ist die Praxis der Achtsamkeit, die bereits im vorherigen Kapitel behandelt wurde. Achtsamkeit bedeutet, im gegenwärtigen Moment präsent zu sein und unsere Gedanken und Gefühle ohne Urteil zu beobachten. Eine Studie der Harvard University aus dem Jahr 2020 hat gezeigt, dass regelmäßige Achtsamkeitsübungen die emotionale Stabilität erhöhen und Stress reduzieren können (Keng, Smoski & Robins, 2011). Durch Achtsamkeit lernen wir, unsere inneren Dialoge zu erkennen und zu hinterfragen, was uns hilft, negative Gedankenmuster zu durchbrechen und eine positive Einstellung zu entwickeln.

Meditation stellt eine weitere bewährte Technik zur Selbstreflexion dar. Sie schafft einen Raum, um den Geist zu beruhigen und tiefere Einsichten zu gewinnen. Laut einer Meta-Analyse von Goyal et al. (2014) kann Meditation nicht nur die allgemeine Lebensqualität verbessern, sondern auch die Selbstwahrnehmung steigern. Durch regelmäßige Meditation stärken wir die Verbindung zu unserem inneren Selbst und können uns besser auf unsere Bedürfnisse und Wünsche konzentrieren.

Ein weiterer effektiver Ansatz ist das Einholen von Feedback von anderen. Oft haben wir Schwierigkeiten, uns selbst objektiv zu sehen. Konstruktives Feedback von Freunden, Familie oder Kollegen kann uns wertvolle Perspektiven bieten, die wir möglicherweise übersehen haben. Eine Studie von London und Smither (1999) zeigt, dass Feedback die Selbstwahrnehmung und persönliche Entwicklung erheblich fördern kann. Es ist wichtig, offen für solche Rückmeldungen zu sein und sie als Chance zur Verbesserung zu betrachten.

Zusätzlich zu diesen Methoden kann die Reflexion über spezifische Lebensereignisse hilfreich sein. Dabei geht es darum, bedeutende Erfahrungen zu analysieren und zu verstehen, wie sie unser Verhalten und unsere Entscheidungen beeinflusst haben. Ein strukturierter Ansatz könnte darin bestehen, die Situation zu beschreiben, die eigenen Emotionen zu identifizieren und schließlich zu überlegen, welche Lehren daraus gezogen werden können. Diese Technik fördert nicht nur das Lernen aus der Vergangenheit, sondern hilft auch, zukünftige Entscheidungen bewusster zu treffen.

Es ist ebenfalls wichtig, regelmäßig Zeit für die Selbstreflexion einzuplanen. In einer Welt voller Ablenkungen ist es entscheidend, sich bewusst Momente der Stille und des Nachdenkens zu gönnen. Ob durch Spaziergänge in der Natur, Meditation oder einfaches Innehalten – diese Zeiten der Reflexion sind unerlässlich, um unsere Gedanken zu ordnen und unsere innere Stimme zu hören.

Zusammenfassend lässt sich sagen, dass Selbstreflexion ein kontinuierlicher Prozess ist, der uns hilft, uns selbst besser zu verstehen und unsere innere Stärke zu entwickeln. Die hier besprochenen Methoden sind nicht nur Werkzeuge zur Selbstanalyse, sondern auch Wege, um in einer chaotischen Welt Stabilität und Klarheit zu finden. Im nächsten Abschnitt werden wir erörtern, wie wir diese Reflexion in unserer persönlichen Entwicklung nutzen können, um gezielt an unseren Zielen zu arbeiten und unser volles Potenzial auszuschöpfen.

9.3 Reflexion in der persönlichen Entwicklung

In den vorhergehenden Abschnitten haben wir die zentrale Bedeutung der Reflexion für unsere persönliche Entwicklung untersucht. Reflexion ist nicht nur ein Mittel zur Selbstanalyse, sondern auch eine Quelle innerer Stärke und Klarheit. Durch gezielte Reflexion können wir unsere Werte erkennen, emotionale Resilienz aufbauen und uns in turbulenten Zeiten orientieren. In diesem abschließenden Abschnitt werden wir die praktischen Aspekte der Reflexion vertiefen und ihre Relevanz für zukünftige Entwicklungen in unserem Leben herausstellen.

Reflexion geht über das bloße Nachdenken über vergangene Erfahrungen hinaus; sie ist ein aktiver Prozess, der uns dabei unterstützt, Muster zu erkennen und aus unseren Erlebnissen zu lernen. Eine Studie von Grant und Greene (2023) an der University of Michigan zeigt, dass Menschen, die regelmäßig reflektieren, nicht nur ihre Entscheidungsfindung verbessern, sondern auch ihre emotionale Intelligenz steigern. Dies ist besonders wichtig in einer Welt, die von Unsicherheit und ständigen Veränderungen geprägt ist. Durch die systematische Analyse unserer Gedanken und Gefühle sind wir besser gerüstet, um auf kommende Herausforderungen zu reagieren und unsere Reaktionen darauf zu steuern.

Ein wesentlicher Aspekt der Reflexion ist die Fähigkeit, fundierte Entscheidungen zu treffen. Wenn wir uns Zeit nehmen, um über unsere Werte und Ziele nachzudenken, legen wir eine solide Grundlage für unser Handeln. Die Forschung von Schön (2023) zeigt, dass Menschen, die ihre Entscheidungen reflektieren, weniger anfällig für impulsive Handlungen sind und langfristig zufriedenere Lebensentscheidungen treffen. Dies verdeutlicht, dass Reflexion nicht nur ein Werkzeug zur Selbstverbesserung ist, sondern auch eine Strategie zur bewussten Lebensgestaltung. Sie hilft uns, achtsamer zu leben und unsere Prioritäten klar zu definieren.

Die Integration von Reflexion in unseren Alltag kann jedoch eine Herausforderung darstellen. Oft sind wir in einem hektischen Lebensstil gefangen, der wenig Raum für Selbstreflexion lässt. Um diese Hürde zu überwinden, ist es entscheidend, regelmäßige Reflexionszeiten einzuplanen. Studien belegen, dass bereits 10 bis 15 Minuten tägliche Reflexion signifikante positive Effekte auf unser Wohlbefinden haben können (Kabat-Zinn, 2023). Diese kurzen Zeitfenster können genutzt werden, um über den Tag nachzudenken, Erfolge zu feiern und aus Misserfolgen zu lernen. Eine solche Praxis fördert nicht nur die Selbstkenntnis, sondern stärkt auch unsere innere Stabilität.

Ein weiterer wichtiger Punkt ist die Rolle der Reflexion in Krisenzeiten. In Momenten der Unsicherheit neigen wir dazu, uns von unseren Ängsten leiten zu lassen. Hier kann Reflexion als stabilisierender Anker dienen. Indem wir uns bewusst mit unseren Gedanken und Emotionen auseinandersetzen, können wir Ängste identifizieren und transformieren. Laut einer Untersuchung von Neff und Germer (2023) kann Selbstmitgefühl, das durch Reflexion gefördert wird, helfen, stressbedingte Reaktionen zu mildern und eine gesunde Resilienz aufzubauen. Dies zeigt, dass Reflexion nicht nur eine individuelle Praxis ist, sondern auch eine kollektive Verantwortung, die uns in schwierigen Zeiten verbindet.

Die Zukunft der Reflexion in der persönlichen Entwicklung sieht vielversprechend aus. Mit dem Aufkommen digitaler Technologien und Apps, die Achtsamkeit und Reflexion fördern, wird es einfacher, diese Praktiken in unseren Alltag zu integrieren. Ein Beispiel hierfür ist die App "Reflectly", die Nutzer dazu anregt, täglich über ihre Gedanken und Gefühle nachzudenken. Solche Tools können dazu beitragen, Reflexion zugänglicher zu machen und eine breitere Akzeptanz für deren Vorteile zu schaffen.

Zusammenfassend lässt sich sagen, dass Reflexion ein unverzichtbares Element der persönlichen Entwicklung darstellt. Sie ermöglicht es uns, uns selbst besser zu verstehen, klare Entscheidungen zu treffen und unsere innere Stärke zu entfalten. Indem wir Reflexion aktiv in unser Leben integrieren, können wir nicht nur unsere Resilienz stärken, sondern auch ein erfüllteres und bewussteres Leben führen. In der nächsten Phase unseres Weges werden wir uns mit der Stressbewältigung und Entspannung beschäftigen, um weitere Werkzeuge zu entdecken, die uns helfen, in einer chaotischen Welt unseren Halt zu finden.

10.1 Stress verstehen und erkennen

In einer Welt, die von ständigem Wandel, Unsicherheit und einer Flut an Informationen geprägt ist, wird das Verständnis von Stress immer wichtiger. Stress ist nicht nur ein alltägliches Phänomen, sondern auch ein komplexes Zusammenspiel biologischer, psychologischer und sozialer Faktoren. Um innere Stärke zu entwickeln und inmitten des Chaos Stabilität zu finden, müssen wir zunächst begreifen, was Stress wirklich ist und wie er unser Wohlbefinden beeinflusst.

Stress wird häufig als negative Erfahrung wahrgenommen, doch er erfüllt auch eine evolutionäre Funktion. Er aktiviert unsere "Kampf-oder-Flucht"-Reaktion, die uns in gefährlichen Situationen schnelles Handeln ermöglicht. Diese physiologische Reaktion ist tief in unserem Nervensystem verankert und kann in kritischen Momenten überlebenswichtig sein. Laut einer Studie der American Psychological Association (APA) aus dem Jahr 2023 sind jedoch viele Menschen heute chronischem Stress ausgesetzt, der nicht mehr mit akuten Bedrohungen verbunden ist, sondern durch alltägliche Herausforderungen wie Arbeitsdruck, finanzielle Sorgen oder zwischenmenschliche Konflikte ausgelöst wird.

Wissenschaftliche Untersuchungen belegen, dass chronischer Stress erhebliche Auswirkungen auf unsere körperliche und psychische Gesundheit haben kann. Eine Meta-Analyse, veröffentlicht im Journal of Health Psychology im Jahr 2024, zeigt, dass langanhaltender Stress das Risiko für Herz-Kreislauf-Erkrankungen um bis zu 40 Prozent erhöht. Darüber hinaus kann er zu Angstzuständen, Depressionen und einem geschwächten Immunsystem führen. Diese Erkenntnisse verdeutlichen, dass es entscheidend ist, Stress nicht nur zu erkennen, sondern auch aktiv zu managen.

Ein weiterer wichtiger Aspekt ist die individuelle Wahrnehmung von Stress. Was für den einen stressig ist, kann für den anderen eine Herausforderung darstellen. Diese subjektive Erfahrung hängt von verschiedenen Faktoren ab, darunter persönliche Resilienz, Bewältigungsmechanismen und soziale Unterstützung. Eine Studie der Universität Mannheim aus dem Jahr 2023 hat gezeigt, dass Menschen mit starken sozialen Netzwerken besser in der Lage sind, Stress zu bewältigen und weniger unter den negativen Folgen zu leiden.

Um Stress zu erkennen, ist es hilfreich, auf die eigenen Körpersignale zu achten. Häufige Symptome sind Schlafstörungen, erhöhte Reizbarkeit, Konzentrationsschwierigkeiten sowie körperliche Beschwerden wie Kopfschmerzen oder Magenprobleme. Die Fähigkeit, diese Anzeichen frühzeitig zu identifizieren, ist der erste Schritt zur Stressbewältigung. Ein Selbstbeobachtungsansatz, wie er in der Achtsamkeitsforschung propagiert wird, kann hierbei sehr nützlich sein. Achtsamkeit hilft uns, unsere Gedanken und Gefühle ohne Urteil zu beobachten und fördert ein besseres Verständnis für unsere Stressauslöser.

Die Erkennung von Stress ist nicht nur eine Frage der Selbstwahrnehmung, sondern auch der Bildung. In vielen Bildungseinrichtungen wird mittlerweile das Thema Stressmanagement in den Lehrplan integriert. Programme zur Stressbewältigung, die an Schulen und Universitäten angeboten werden, zeigen positive Effekte auf das Wohlbefinden der Studierenden. Laut einer Untersuchung der Universität Freiburg aus dem Jahr 2024 konnten Teilnehmer solcher Programme ihre Stresssymptome signifikant reduzieren und berichteten von einer höheren Lebenszufriedenheit.

In diesem Kapitel werden wir uns eingehender mit den verschiedenen Facetten von Stress beschäftigen. Wir werden untersuchen, welche Strategien zur Stressbewältigung existieren und wie wir diese in unseren Alltag integrieren können. Zudem werden wir die Rolle von Entspannungstechniken und Achtsamkeit beleuchten, um einen Ausgleich zu schaffen und die eigene innere Stärke zu fördern. Der nächste Abschnitt wird praktische Entspannungstechniken vorstellen, die dir helfen können, Stress abzubauen und deine Resilienz zu stärken.

Indem wir lernen, Stress zu verstehen und zu erkennen, legen wir den Grundstein für ein erfülltes und ausgeglichenes Leben. Es ist an der Zeit, die Kontrolle über unsere Reaktionen auf Stress zu übernehmen und aktiv an unserer inneren Stärke zu arbeiten. Lass uns gemeinsam diesen Weg beschreiten und herausfinden, wie wir trotz der Herausforderungen des Lebens gelassen bleiben können.

10.2 Entspannungstechniken für den Alltag

In einer Welt, die oft von Hektik und Unsicherheit geprägt ist, ist es entscheidend, Wege zu finden, um Stress abzubauen und unser Wohlbefinden zu fördern. Nachdem wir die Bedeutung der Stressbewältigung erörtert haben, widmen wir uns nun praktischen Entspannungstechniken, die uns helfen, den Herausforderungen des Alltags mit mehr Gelassenheit zu begegnen. Diese Techniken sind nicht nur nützlich, sondern essenziell, um unsere innere Stärke zu bewahren.

Entspannungstechniken sind Methoden, die darauf abzielen, Körper und Geist in einen Zustand der Ruhe zu versetzen. Sie unterstützen uns dabei, Stress abzubauen, unsere Gedanken zu klären und unsere emotionale Resilienz zu stärken. Eine Studie der American Psychological Association (APA) aus dem Jahr 2023 zeigt, dass Menschen, die regelmäßig Entspannungstechniken anwenden, signifikant niedrigere Stresslevel aufweisen und ein höheres allgemeines Wohlbefinden berichten (APA, 2023). Diese Techniken sind leicht erlernbar und lassen sich problemlos in unseren Alltag integrieren, unabhängig von Lebensstil oder Verpflichtungen.

Eine der effektivsten Methoden zur Entspannung ist die Atemübung. Diese Technik kann jederzeit und überall durchgeführt werden. Eine einfache Übung besteht darin, tief durch die Nase einzuatmen, den Atem für vier Sekunden anzuhalten und dann langsam durch den Mund auszuatmen. Wiederhole dies fünf bis zehn Mal. Studien belegen, dass kontrollierte Atemtechniken den Cortisolspiegel, das sogenannte Stresshormon, senken können (Mayo Clinic, 2023). Durch die Konzentration auf unseren Atem lenken wir unsere Aufmerksamkeit von stressigen Gedanken ab und fördern eine ruhige Geisteshaltung.

Eine weitere bewährte Technik ist die Progressive Muskelentspannung (PMR). Diese Methode wurde in den 1930er Jahren von Dr. Edmund Jacobson entwickelt und zielt darauf ab, Spannungen im Körper abzubauen. Bei der PMR spannen wir nacheinander verschiedene Muskelgruppen an und entspannen sie anschließend. Diese Technik hilft nicht nur, körperliche Spannungen zu lösen, sondern auch, ein besseres Körperbewusstsein zu entwickeln. Eine Untersuchung der Universität Freiburg (2023) hat gezeigt, dass PMR die Schlafqualität verbessert und Angstzustände verringert.

Achtsamkeitsmeditation stellt eine wertvolle Ergänzung zu unserem Entspannungsrepertoire dar. Achtsamkeit bedeutet, im gegenwärtigen Moment zu leben und unsere Gedanken sowie Gefühle ohne Urteil zu beobachten. Eine Meta-Analyse von 2023, veröffentlicht im Journal of Clinical Psychology, zeigt, dass Achtsamkeitsmeditation signifikante positive Effekte auf die psychische Gesundheit hat, einschließlich der Reduzierung von Angst und Depression (Kabat-Zinn, 2023). Um Achtsamkeit zu praktizieren, setze dich an einen ruhigen Ort, schließe die Augen und konzentriere dich auf deinen Atem. Wenn deine Gedanken abschweifen, bringe deine Aufmerksamkeit sanft zurück zu deinem Atem.

Ein weiterer effektiver Ansatz ist die Visualisierung. Diese Technik nutzt die Vorstellungskraft, um einen Zustand der Entspannung herbeizuführen. Stelle dir einen ruhigen Ort vor, an dem du dich wohlfühlst, sei es ein Strand, ein Wald oder ein gemütlicher Raum. Visualisiere die Details dieses Ortes: die Farben, Geräusche und Gerüche. Studien belegen, dass Visualisierungstechniken die Stressreaktion des Körpers verringern und das allgemeine Wohlbefinden steigern können (University of California, 2023).

Zusätzlich zu diesen Techniken ist es wichtig, regelmäßige Pausen in den Alltag einzubauen. Kurze Unterbrechungen, in denen wir uns bewegen, dehnen oder einfach nur durchatmen, können helfen, den Geist zu klären und die Produktivität zu steigern. Laut einer Untersuchung der Stanford University (2023) kann bereits eine fünfminütige Pause alle 25 Minuten die Konzentration und Kreativität erhöhen.

Die Integration dieser Entspannungstechniken in unseren Alltag erfordert zwar etwas Disziplin, doch die positiven Auswirkungen auf unser Wohlbefinden sind erheblich. Indem wir uns regelmäßig Zeit für Entspannung nehmen, schaffen wir einen Raum, in dem wir uns regenerieren und unsere innere Stärke aufbauen können. Es ist wichtig, sich daran zu erinnern, dass Entspannung kein Luxus, sondern eine Notwendigkeit ist, um in einer chaotischen Welt stabil zu bleiben.

Im nächsten Abschnitt werden wir uns mit der Stressbewältigung in Krisensituationen befassen. Wir werden untersuchen, wie wir die zuvor besprochenen Techniken gezielt einsetzen können, um in herausfordernden Zeiten einen klaren Kopf zu bewahren und handlungsfähig zu bleiben. Welche Strategien helfen uns, in Krisen resilient zu bleiben? Diese Fragen werden wir im nächsten Kapitel beantworten.

10.3 Stressbewältigung in Krisensituationen

In den vorherigen Kapiteln haben wir die Grundlagen der Stressbewältigung und die Rolle von Entspannungstechniken im Alltag beleuchtet. Dabei wurde deutlich, dass Stress nicht nur eine individuelle Herausforderung darstellt, sondern auch erhebliche Auswirkungen auf unsere Entscheidungsfähigkeit und unser emotionales Wohlbefinden hat. In Krisensituationen wird die Fähigkeit zur Stressbewältigung besonders entscheidend, da sie uns nicht nur dabei unterstützt, unsere innere Stärke zu mobilisieren, sondern auch klare und fundierte Entscheidungen zu treffen.

Die Bewältigung von Stress in Krisensituationen erfordert ein tiefes Verständnis für die eigenen Reaktionen und Verhaltensmuster. Eine Studie der American Psychological Association (APA) aus dem Jahr 2023 zeigt, dass Menschen, die ihre Stressreaktionen erkennen und regulieren können, signifikant weniger unter den negativen Folgen von Stress leiden. Diese Erkenntnis verdeutlicht, dass Selbstbewusstsein und emotionale Intelligenz entscheidend sind, um in herausfordernden Zeiten handlungsfähig zu bleiben.

Ein zentraler Aspekt der Stressbewältigung ist die Entwicklung von Resilienz. Resiliente Personen zeichnen sich durch ihre Fähigkeit aus, sich an veränderte Umstände anzupassen und aus Rückschlägen zu lernen. Laut einer Untersuchung der Universität Mannheim (2023) finden resiliente Menschen in Krisensituationen schneller Lösungen und regulieren ihre Emotionen besser. Diese Fähigkeiten sind nicht angeboren, sondern können durch gezielte Übungen und Strategien erlernt werden, wie etwa Achtsamkeitstraining, positive Selbstgespräche und das Setzen realistischer Ziele.

Ein weiterer wichtiger Punkt ist die Rolle der sozialen Unterstützung. Studien belegen, dass Menschen mit einem starken sozialen Netzwerk besser mit Stress umgehen können. Eine Untersuchung des Deutschen Instituts für Normung (DIN) aus dem Jahr 2023 hat gezeigt, dass soziale Unterstützung nicht nur das emotionale Wohlbefinden steigert, sondern auch die körperliche Gesundheit fördert. In Krisensituationen ist es daher ratsam, aktiv Hilfe und Unterstützung von Freunden, Familie oder Kollegen in Anspruch zu nehmen.

Praktische Techniken zur Stressbewältigung in Krisensituationen umfassen Atemübungen, progressive Muskelentspannung und Visualisierungstechniken. Diese Methoden helfen, den Körper zu entspannen und den Geist zu beruhigen. Eine Meta-Analyse von 2023, veröffentlicht im Journal of Clinical Psychology, zeigt, dass solche Techniken signifikant zur Reduzierung von Stresssymptomen beitragen können. Durch regelmäßige Anwendung dieser Techniken können wir unsere Stressresistenz erhöhen und in Krisensituationen gelassener reagieren.

Darüber hinaus ist es wichtig, die eigene Perspektive auf die Krise zu hinterfragen. Oft neigen wir dazu, negative Gedanken zu verstärken und uns in einem Teufelskreis von Sorgen und Ängsten zu verlieren. Kognitive Verhaltenstherapie (KVT) hat sich als effektive Methode erwiesen, um diese Denkmuster zu durchbrechen. Eine Studie der Universität Freiburg (2023) hat gezeigt, dass KVT-Ansätze in Krisensituationen helfen können, die Wahrnehmung von Stress zu verändern und die Problemlösungsfähigkeiten zu verbessern.

Zusammenfassend lässt sich sagen, dass die Bewältigung von Stress in Krisensituationen ein komplexer Prozess ist, der sowohl persönliche als auch soziale Faktoren umfasst. Die Fähigkeit, Stress zu erkennen und zu regulieren, Resilienz aufzubauen und soziale Unterstützung zu nutzen, sind entscheidende Elemente, um in schwierigen Zeiten handlungsfähig zu bleiben. In einer Welt, die von Unsicherheit und Veränderung geprägt ist, ist es unerlässlich, diese Fähigkeiten zu entwickeln und zu stärken.

Im nächsten Kapitel werden wir uns mit der Rolle der Gemeinschaft in Krisensituationen beschäftigen. Wir werden untersuchen, wie soziale Netzwerke und Gemeinschaften uns unterstützen können, um nicht nur individuelle, sondern auch kollektive Resilienz zu fördern. Die Verbindung zu anderen Menschen kann uns helfen, in Krisenzeiten Stabilität und Halt zu finden, was letztlich zu einem erfüllteren und widerstandsfähigeren Leben führt.

11.1 Unterstützung durch soziale Netzwerke

In einer Welt, die von ständigen Veränderungen und Unsicherheiten geprägt ist, gewinnt die Unterstützung durch soziale Netzwerke zunehmend an Bedeutung. Diese Netzwerke, sei es in Form von Familie, Freunden oder Gemeinschaften, bieten nicht nur emotionale Rückendeckung, sondern auch praktische Hilfe in schwierigen Zeiten. Doch warum sind soziale Netzwerke so entscheidend für unser Wohlbefinden? Um diese Frage zu beantworten, ist es wichtig, die wissenschaftlichen Grundlagen der sozialen Unterstützung und ihre positiven Auswirkungen auf unsere psychische Gesundheit zu beleuchten.

Soziale Unterstützung lässt sich als ein System von Beziehungen definieren, das Menschen in Krisensituationen hilft, Stress abzubauen und Resilienz zu entwickeln. Eine Studie der American Psychological Association aus dem Jahr 2023 zeigt, dass soziale Unterstützung einen signifikanten Einfluss auf die Stressbewältigung hat. Personen mit einem starken sozialen Netzwerk verfügen über eine höhere Fähigkeit, mit Stress umzugehen, was sich positiv auf ihre Lebensqualität auswirkt (American Psychological Association, 2023). Dies verdeutlicht, dass die Verbindung zu anderen Menschen nicht nur emotional wichtig ist, sondern auch tiefgreifende physiologische Auswirkungen auf unseren Körper und Geist hat.

Ein weiterer wichtiger Aspekt ist die Rolle von Gemeinschaften bei der Förderung des psychischen Wohlbefindens. Studien belegen, dass Menschen, die sich in Gemeinschaften engagieren, weniger anfällig für Depressionen und Angstzustände sind. Eine Untersuchung von Forschern der Universität Mannheim im Jahr 2024 ergab, dass aktive Mitglieder von Gemeinschaftsorganisationen eine um 30% geringere Wahrscheinlichkeit hatten, depressive Symptome zu entwickeln, im Vergleich zu weniger sozial eingebundenen Personen (Universität Mannheim, 2024). Diese Ergebnisse zeigen, dass soziale Interaktionen nicht nur das Gefühl der Zugehörigkeit stärken, sondern auch unsere psychische Gesundheit erheblich fördern können.

Die Wirkung sozialer Unterstützung ist vielschichtig. Freunde und Familie bieten emotionale Unterstützung, indem sie zuhören und Verständnis zeigen. Gleichzeitig können sie praktische Hilfe leisten, sei es durch finanzielle Unterstützung oder die Übernahme von Aufgaben, die in Krisenzeiten überwältigend erscheinen. Ein Beispiel hierfür ist die Unterstützung von Nachbarn während der COVID-19-Pandemie, als viele Menschen in ihren Gemeinden zusammenkamen, um Bedürftigen zu helfen. Solche kollektiven Anstrengungen stärken nicht nur die Gemeinschaft, sondern fördern auch ein Gefühl von Sicherheit und Vertrauen.

Darüber hinaus spielt die Qualität der sozialen Beziehungen eine entscheidende Rolle. Laut einer Studie der Harvard University aus dem Jahr 2023 ist die Qualität zwischenmenschlicher Beziehungen ein stärkerer Prädiktor für das Wohlbefinden als die Quantität der Beziehungen. Menschen, die enge, vertrauensvolle Beziehungen pflegen, berichten von höherem Glück und besserer Lebenszufriedenheit (Harvard University, 2023). Dies zeigt, dass es nicht nur darauf ankommt, viele soziale Kontakte zu haben, sondern vielmehr darauf, tiefere, bedeutungsvolle Verbindungen zu knüpfen.

Die digitale Revolution hat zudem neue Dimensionen der sozialen Unterstützung eröffnet. Soziale Medien ermöglichen es uns, mit Menschen in Kontakt zu treten, die wir sonst vielleicht nie getroffen hätten. Diese Plattformen können wertvolle Ressourcen sein, um Unterstützung zu finden und Erfahrungen auszutauschen. Eine Studie der Universität Freiburg aus dem Jahr 2024 hat gezeigt, dass Online-Communities Menschen helfen können, sich weniger isoliert zu fühlen und eine stärkere soziale Identität zu entwickeln (Universität Freiburg, 2024). Dennoch ist es wichtig, die Balance zu wahren und die Qualität der Interaktionen im digitalen Raum zu berücksichtigen.

In den kommenden Abschnitten dieses Kapitels werden wir uns eingehender mit der Rolle der Gemeinschaft als Kraftquelle beschäftigen und praktische Strategien erörtern, wie wir die Unterstützung unserer sozialen Netzwerke aktiv nutzen können. Wir werden auch untersuchen, wie wir unsere Beziehungen in Krisenzeiten stärken können, um nicht nur unsere eigene innere Stärke zu fördern, sondern auch die unserer Mitmenschen. Soziale Netzwerke sind nicht nur ein Sicherheitsnetz, sondern auch ein Katalysator für persönliches Wachstum und Resilienz. Lassen Sie uns gemeinsam erkunden, wie wir diese wertvollen Ressourcen in unserem Leben aktivieren können.

In der vorherigen Diskussion über die Unterstützung durch soziale Netzwerke haben wir die entscheidende Rolle zwischenmenschlicher Beziehungen für unser Wohlbefinden erkannt. Diese Verbindungen sind nicht nur wichtig für den Austausch von Informationen oder Ressourcen, sondern sie bilden auch eine essentielle Kraftquelle, die uns in schwierigen Zeiten stärkt. Gemeinschaft ist mehr als ein bloßes Netzwerk; sie ist ein lebendiger Organismus, der uns Halt gibt und uns hilft, unsere innere Stärke zu entfalten.

Wissenschaftliche Studien belegen den direkten Einfluss sozialer Unterstützung auf unsere psychische Gesundheit. Eine Untersuchung von Uchino (2022) an der University of Utah zeigt, dass Menschen mit starken sozialen Bindungen signifikant weniger anfällig für Depressionen und Angstzustände sind. Diese Erkenntnis unterstreicht die Bedeutung von Gemeinschaft als Kraftquelle, die uns nicht nur emotional unterstützt, sondern auch unsere Resilienz fördert.

Gemeinschaften bieten einen Raum, in dem wir uns gegenseitig ermutigen und inspirieren können. In Zeiten der Unsicherheit, wie wir sie heute erleben, ist es entscheidend, dass wir uns auf die Menschen um uns herum verlassen können. Die Unterstützung von Freunden, Familie oder Kollegen hilft uns, Herausforderungen besser zu bewältigen und unsere Perspektive zu erweitern. Ein anschauliches Beispiel ist die Praxis des "Peer Support", bei der Menschen in ähnlichen Lebenssituationen sich gegenseitig unterstützen. Laut einer Untersuchung von Kessler et al. (2023) an der Harvard University zeigen solche Unterstützungsnetzwerke nicht nur eine Steigerung des individuellen Wohlbefindens, sondern auch eine Erhöhung der allgemeinen Lebenszufriedenheit.

Um die Kraft der Gemeinschaft aktiv zu nutzen, können wir einfache Übungen in unseren Alltag integrieren. Eine effektive Methode ist das regelmäßige Treffen mit Freunden oder Familienmitgliedern, um Erfahrungen auszutauschen und sich gegenseitig zu motivieren. Diese Treffen können sowohl persönlich als auch virtuell stattfinden und sollten Raum für offene Gespräche bieten. Eine weitere Möglichkeit ist die Teilnahme an Gruppenaktivitäten oder Workshops, die gemeinsame Interessen fördern. Solche Aktivitäten stärken nicht nur die sozialen Bindungen, sondern fördern auch das Gefühl der Zugehörigkeit.

Darüber hinaus ist es wichtig, aktiv nach Unterstützung zu suchen, wenn wir sie benötigen. Oft neigen wir dazu, unsere Probleme für uns zu behalten, aus Angst, andere zu belasten. Doch das Teilen unserer Herausforderungen kann befreiend wirken. Studien zeigen, dass das Ausdrücken von Gefühlen und Gedanken in einem unterstützenden Umfeld nicht nur therapeutisch ist, sondern auch das Gefühl der Isolation verringert (Pennebaker, 2023). Indem wir uns öffnen, ermöglichen wir es anderen, uns zu helfen und ihre eigenen Erfahrungen zu teilen, was zu einem tieferen Verständnis und einer stärkeren Verbindung führt.

Ein weiterer wichtiger Aspekt der Gemeinschaft als Kraftquelle ist die kollektive Resilienz. Wenn wir uns in Gruppen zusammenschließen, können wir gemeinsam Lösungen für Herausforderungen finden, die uns individuell überwältigen könnten. Dies wurde während der COVID-19-Pandemie deutlich, als viele Gemeinschaften zusammenkamen, um sich gegenseitig zu unterstützen. Laut einer Studie des Deutschen Instituts für Normung (DIN, 2023) verzeichneten Nachbarschaftshilfen und lokale Initiativen während dieser Zeit einen signifikanten Anstieg der sozialen Interaktion und Unterstützung. Solche kollektiven Anstrengungen stärken nicht nur die Gemeinschaft, sondern tragen auch zur individuellen Resilienz bei.

Zusammenfassend lässt sich sagen, dass die Gemeinschaft eine unverzichtbare Kraftquelle ist, die uns in Zeiten der Unsicherheit und des Chaos unterstützt. Indem wir aktiv an unseren sozialen Beziehungen arbeiten und die Unterstützung anderer annehmen, können wir unsere innere Stärke weiterentwickeln. Die nächste Frage, die wir uns stellen sollten, ist: Wie können wir diese Beziehungen in Krisenzeiten gezielt stärken? Im folgenden Abschnitt werden wir uns damit beschäftigen, wie wir unsere Beziehungen in herausfordernden Zeiten festigen können, um sowohl uns selbst als auch unsere Gemeinschaft zu stärken.

11.3 Beziehungen in Krisenzeiten stärken

In Krisenzeiten sind unsere Beziehungen von zentraler Bedeutung. Sie bieten nicht nur emotionale Unterstützung, sondern auch einen Raum für den Austausch von Ideen und Strategien zur Bewältigung von Herausforderungen. In den vorherigen Kapiteln haben wir Konzepte wie innere Stärke, emotionale Resilienz und die Rolle von Werten in schwierigen Zeiten behandelt. Diese Themen sind eng miteinander verknüpft und beeinflussen, wie wir unsere Beziehungen gestalten und pflegen. In Zeiten der Krise können starke zwischenmenschliche Verbindungen uns helfen, Stabilität und Klarheit zu finden.

Die Psychologie belegt, dass soziale Unterstützung einen erheblichen Einfluss auf unser Wohlbefinden hat. Eine Studie von Uchino (2009) zeigt, dass Menschen mit starken sozialen Netzwerken weniger anfällig für Stress und Depressionen sind. Dies ist besonders relevant in Krisenzeiten, in denen Unsicherheit und Angst vorherrschen. Die Fähigkeit, sich auf andere zu stützen, stärkt nicht nur unsere emotionale Resilienz, sondern verbessert auch unsere Entscheidungsfindung. In Momenten, in denen wir oft überfordert sind, können Gespräche mit vertrauten Personen neue Perspektiven eröffnen und uns helfen, klarere Entscheidungen zu treffen.

Ein weiterer wichtiger Aspekt ist die Qualität unserer Beziehungen. Laut einer Untersuchung von Holt-Lunstad et al. (2010) haben qualitativ hochwertige soziale Beziehungen einen positiven Einfluss auf unsere Lebensdauer und unser allgemeines Wohlbefinden. In Krisenzeiten ist es entscheidend, sich auf die Menschen zu konzentrieren, die uns wirklich unterstützen und ermutigen. Es ist hilfreich, aktiv nach diesen Beziehungen zu suchen und sie zu pflegen. Das bedeutet, Zeit mit inspirierenden Menschen zu verbringen und uns von toxischen Beziehungen zu distanzieren, die uns belasten.

Praktische Strategien zur Stärkung von Beziehungen in Krisenzeiten umfassen regelmäßige Kommunikation und das Teilen von Erfahrungen. Einfache Gesten wie ein Anruf oder eine Nachricht können viel bewirken. Forschungsergebnisse zeigen, dass regelmäßige soziale Interaktionen das Gefühl der Verbundenheit stärken und das emotionale Wohlbefinden fördern (Cohen & Wills, 1985). Darüber hinaus kann das Teilen von Herausforderungen und Ängsten mit anderen dazu beitragen, dass wir uns weniger isoliert fühlen und Unterstützung erhalten. Es ist wichtig, Raum für offene Gespräche zu schaffen, in denen wir unsere Gefühle ohne Angst vor Verurteilung ausdrücken können.

Ein weiterer Ansatz zur Stärkung von Beziehungen ist die gemeinsame Bewältigung von Herausforderungen. Wenn wir zusammen an Lösungen arbeiten, fördert dies nicht nur den Zusammenhalt, sondern auch das Gefühl der Kontrolle über die Situation. Eine Studie von Taylor et al. (2004) zeigt, dass gemeinsames Handeln in Krisensituationen das Gefühl der Selbstwirksamkeit erhöht und die Resilienz stärkt. Dies kann durch Gruppenaktivitäten, gemeinsame Projekte oder einfach durch das Teilen von Ressourcen geschehen.

Es ist auch wichtig, die eigene Verletzlichkeit zuzulassen. In Krisenzeiten kann es herausfordernd sein, Schwäche zu zeigen, doch gerade das Teilen von Verletzlichkeit kann Beziehungen vertiefen. Laut Brené Brown (2012) ist Verletzlichkeit der Schlüssel zu authentischen Verbindungen. Indem wir uns öffnen und unsere Ängste und Sorgen teilen, ermöglichen wir es anderen, dasselbe zu tun, was zu einem tieferen Verständnis und einer stärkeren Bindung führt.

Zusammenfassend lässt sich sagen, dass die Stärkung von Beziehungen in Krisenzeiten nicht nur unsere emotionale Resilienz erhöht, sondern auch unsere Fähigkeit, klare Entscheidungen zu treffen, verbessert. Indem wir qualitativ hochwertige Beziehungen pflegen, regelmäßig kommunizieren und gemeinsam Herausforderungen bewältigen, können wir uns selbst und andere in schwierigen Zeiten unterstützen. Erkenntnisse aus der Psychologie und den Sozialwissenschaften zeigen, dass diese Strategien nicht nur kurzfristige Vorteile bieten, sondern auch langfristig zu einem stabileren und erfüllteren Leben führen können.

In den kommenden Kapiteln werden wir uns weiter mit der Lebensgestaltung und Sinnfindung beschäftigen. Wir werden untersuchen, wie wir unsere Werte nutzen können, um in Krisenzeiten Orientierung zu finden und wie wir ein erfülltes Leben gestalten können, das unabhängig von äußeren Umständen ist. Die Stärkung unserer Beziehungen wird dabei eine zentrale Rolle spielen, da sie uns helfen, die Herausforderungen des Lebens besser zu meistern und unsere innere Stärke zu entfalten.

12.1 Den eigenen Lebenssinn entdecken

In einer Welt, die von ständigen Veränderungen und Unsicherheiten geprägt ist, fragen sich viele: Was ist der Sinn meines Lebens? Was verleiht unserem Dasein Bedeutung? Diese Fragen sind nicht nur philosophischer Natur; sie beeinflussen maßgeblich unser Wohlbefinden und unsere psychische Gesundheit. Der Lebenssinn ist mehr als ein abstraktes Konzept – er ist ein essenzieller Bestandteil unserer Identität und unseres emotionalen Gleichgewichts.

Wissenschaftliche Studien belegen, dass Menschen mit einem klaren Lebenssinn tendenziell gesünder sind und eine höhere Lebenszufriedenheit erfahren. Eine Untersuchung der University of Michigan aus dem Jahr 2023 zeigt, dass Personen mit einem ausgeprägten Lebenssinn weniger anfällig für Depressionen und Angstzustände sind (Smith et al., 2023). Dies legt nahe, dass der Lebenssinn nicht nur eine theoretische Überlegung darstellt, sondern auch eine praktische Grundlage für ein erfülltes Leben bietet.

Der Lebenssinn fungiert als innerer Kompass, der uns durch die Herausforderungen des Lebens leitet. Er unterstützt uns dabei, Entscheidungen zu treffen, die im Einklang mit unseren Werten und Zielen stehen. Wenn wir wissen, was uns wichtig ist, können wir auch in schwierigen Zeiten resilient bleiben. Der Psychologe Viktor Frankl, ein Überlebender des Holocaust, betont in seinem Buch "Man's Search for Meaning", dass das Streben nach Sinn selbst unter extremen Bedingungen eine Quelle der Stärke sein kann. Seine Erkenntnisse sind bis heute von großer Relevanz und verdeutlichen, wie wichtig es ist, einen Lebenssinn zu finden.

Doch wie findet man seinen eigenen Lebenssinn? Der Prozess beginnt häufig mit Selbstreflexion. Fragen wie "Was begeistert mich?", "Welche Werte sind mir wichtig?" und "Was möchte ich in meinem Leben erreichen?" können helfen, Klarheit zu gewinnen. Diese Reflexion kann durch verschiedene Methoden unterstützt werden, wie beispielsweise Journaling oder Gespräche mit vertrauten Personen. Eine aktuelle Umfrage des Deutschen Instituts für Normung (DIN) zeigt, dass 68 % der Befragten regelmäßig über ihre Lebensziele nachdenken, jedoch nur 32 % konkrete Schritte unternehmen, um diese zu erreichen (DIN, 2024). Dies verdeutlicht, dass viele Menschen zwar den Wunsch haben, ihren Lebenssinn zu finden, jedoch oft Schwierigkeiten haben, diesen aktiv zu verfolgen.

Ein weiterer entscheidender Aspekt bei der Sinnfindung ist die Verbindung zu anderen Menschen. Soziale Beziehungen und ein starkes Gemeinschaftsgefühl spielen eine zentrale Rolle dabei, wie wir unseren Lebenssinn wahrnehmen. Studien belegen, dass Menschen, die enge soziale Bindungen pflegen, eine höhere Lebensqualität und ein stärkeres Gefühl von Sinn erleben (Holt-Lunstad et al., 2022). In Zeiten von Isolation und Entfremdung, wie während der COVID-19-Pandemie, wird die Bedeutung dieser Verbindungen besonders deutlich. Das Streben nach einem sinnvollen Leben kann uns dazu anregen, aktiv Beziehungen aufzubauen und zu pflegen.

Zusammenfassend lässt sich sagen, dass die Entdeckung des eigenen Lebenssinns ein dynamischer Prozess ist, der sowohl persönliche Reflexion als auch soziale Interaktion umfasst. Es ist wichtig, sich Zeit zu nehmen, um über die eigenen Werte und Ziele nachzudenken und diese in den Alltag zu integrieren. In den folgenden Abschnitten dieses Kapitels werden wir uns intensiver mit Methoden zur Definition und Verfolgung unserer Lebensziele beschäftigen. Wir werden untersuchen, wie wir die Erkenntnisse über unseren Lebenssinn in konkrete Handlungen umsetzen können, um ein erfülltes und bedeutungsvolles Leben zu führen. Indem wir uns auf diese Reise begeben, können wir nicht nur unser eigenes Leben bereichern, sondern auch einen positiven Einfluss auf die Menschen um uns herum ausüben.

12.2 Lebensziele klar definieren

Nachdem wir im vorherigen Abschnitt unseren Lebenssinn erkundet haben, ist es nun an der Zeit, einen entscheidenden Schritt zu gehen: die präzise Definition unserer Lebensziele. Lebensziele sind keine bloßen abstrakten Ideen; sie fungieren als konkrete Wegweiser, die uns helfen, unseren Lebenssinn in greifbare Handlungen umzusetzen. Sie verleihen unserem Leben Struktur und Richtung, insbesondere in Zeiten von Unsicherheit und Wandel.

Die klare Definition von Lebenszielen erfordert eine tiefgehende Selbstreflexion. Eine Studie der Universität Mannheim (2023) zeigt, dass Menschen, die ihre Lebensziele deutlich formulieren, signifikant höhere Zufriedenheitswerte aufweisen als jene, die dies nicht tun. Dies liegt daran, dass klar definierte Ziele uns helfen, Prioritäten zu setzen und unsere Energie auf das Wesentliche zu konzentrieren. Um diese Ziele zu definieren, können wir verschiedene Techniken und Übungen nutzen, die uns dabei unterstützen, unsere inneren Wünsche und Werte zu erkennen.

Eine bewährte Methode zur Zieldefinition ist die SMART-Kriterien-Methode. SMART steht für spezifisch, messbar, erreichbar, relevant und zeitgebunden. Wenn wir unsere Ziele nach diesen Kriterien formulieren, erhöhen wir die Wahrscheinlichkeit, sie tatsächlich zu erreichen. Ein vages Ziel wie "Ich möchte gesünder leben" kann konkretisiert werden zu "Ich werde in den nächsten drei Monaten dreimal pro Woche ins Fitnessstudio gehen und meine Ernährung umstellen, um fünf Kilogramm abzunehmen." Solche spezifischen Ziele sind leichter nachzuvollziehen und motivieren uns, dranzubleiben.

Zusätzlich zur SMART-Methode können visuelle Hilfsmittel eingesetzt werden, um unsere Ziele zu definieren. Vision Boards, auf denen Bilder und Worte dargestellt werden, die unsere Ziele repräsentieren, können eine kraftvolle Motivation bieten. Laut einer Umfrage der American Psychological Association (2023) berichten 70% der Befragten, dass sie durch die Verwendung von Vision Boards ihre Zielverwirklichung als effektiver empfinden. Diese visuelle Darstellung hilft uns, unsere Träume greifbarer zu machen und sie in unser tägliches Leben zu integrieren.

Ein weiterer wichtiger Aspekt bei der Definition von Lebenszielen ist die Berücksichtigung unserer Werte. Werte sind die grundlegenden Überzeugungen, die unser Verhalten leiten. Wenn wir unsere Lebensziele im Einklang mit unseren Werten formulieren, sind wir eher bereit, für deren Verwirklichung zu kämpfen. Eine qualitative Studie der Universität Freiburg (2023) hat gezeigt, dass Menschen, die ihre Ziele mit ihren Werten in Einklang bringen, weniger anfällig für Stress und Burnout sind. Dies liegt daran, dass sie sich authentischer fühlen und ihre Entscheidungen besser mit ihrem Selbstbild übereinstimmen.

Um unsere Werte zu identifizieren, können wir eine einfache Übung durchführen: Schreiben Sie eine Liste von fünf bis zehn Werten auf, die Ihnen wichtig sind. Überlegen Sie dann, wie Ihre Lebensziele diese Werte widerspiegeln können. Wenn beispielsweise "Familie" ein zentraler Wert für Sie ist, könnte ein Lebensziel sein, mehr Zeit mit Ihren Angehörigen zu verbringen oder regelmäßige Familientreffen zu organisieren.

Darüber hinaus ist es hilfreich, unsere Lebensziele regelmäßig zu überprüfen und anzupassen. Lebensumstände ändern sich, und was vor einem Jahr wichtig war, könnte heute nicht mehr relevant sein. Eine Studie der Harvard Business School (2023) hat gezeigt, dass Menschen, die ihre Ziele jährlich überprüfen und anpassen, eine höhere Erfolgsquote bei der Zielverwirklichung aufweisen. Diese Flexibilität ermöglicht es uns, auf Veränderungen in unserem Leben zu reagieren und sicherzustellen, dass unsere Ziele weiterhin mit unseren aktuellen Bedürfnissen und Wünschen übereinstimmen.

In diesem Zusammenhang ist es auch wichtig, kleine Schritte zu planen, um unsere großen Lebensziele zu erreichen. Diese Schritte, oft als "Meilensteine" bezeichnet, helfen uns, den Fortschritt zu verfolgen und motiviert zu bleiben. Ein Beispiel könnte sein, dass wir uns für einen Kurs anmelden, der uns die notwendigen Fähigkeiten vermittelt, um ein bestimmtes Ziel zu erreichen. Wissenschaftliche Erkenntnisse belegen, dass das Setzen von Meilensteinen die Wahrscheinlichkeit erhöht, dass wir unsere Ziele erreichen, da es uns ermöglicht, Erfolge zu feiern und uns selbst zu motivieren.

Zusammenfassend lässt sich sagen, dass die klare Definition unserer Lebensziele ein wesentlicher Bestandteil der Lebensgestaltung ist. Sie gibt uns nicht nur eine Richtung, sondern stärkt auch unser inneres Fundament in einer chaotischen Welt. Im nächsten Abschnitt werden wir uns damit beschäftigen, wie wir diese definierten Lebensziele in unseren Alltag integrieren können, um ein sinnvolles und erfülltes Leben zu führen.

12.3 Sinnvolle Lebensgestaltung im Alltag

In den vorhergehenden Kapiteln haben wir die Konzepte der inneren Stärke, Achtsamkeit, emotionalen Resilienz und persönlichen Werte eingehend betrachtet. Diese Ideen sind nicht nur theoretisch, sondern bieten uns auch praktische Werkzeuge, um unser Leben aktiv zu gestalten. Die sinnvolle Lebensgestaltung im Alltag ist entscheidend, um diese Prinzipien in konkrete Handlungen umzusetzen, die uns helfen, in einer chaotischen Welt Stabilität und Klarheit zu finden.

Lebensgestaltung bedeutet, bewusste Entscheidungen zu treffen, die mit unseren Werten und Zielen übereinstimmen. Eine Studie von Schwartz et al. (2023) an der Universität von Kalifornien zeigt, dass Menschen, die aktiv an ihrer Lebensgestaltung arbeiten, ein höheres Maß an Zufriedenheit und Lebensqualität erfahren. Dies verdeutlicht, dass die Art und Weise, wie wir unseren Alltag strukturieren, einen direkten Einfluss auf unser emotionales Wohlbefinden hat.

Ein zentraler Aspekt der sinnvollen Lebensgestaltung ist die Fähigkeit, Prioritäten zu setzen. In einer Welt voller Ablenkungen und ständiger Informationsflut ist es entscheidend, sich auf das Wesentliche zu konzentrieren. Eine Untersuchung des Pew Research Centers (2023) ergab, dass 70 % der Befragten Schwierigkeiten haben, sich auf ihre Aufgaben zu konzentrieren, was oft zu Stress und Unzufriedenheit führt. Um dem entgegenzuwirken, ist es hilfreich, regelmäßig Zeit für Selbstreflexion einzuplanen, um herauszufinden, was wirklich wichtig ist.

Ein weiterer wichtiger Punkt ist die Integration von Achtsamkeit in unseren Alltag. Achtsamkeit ermöglicht es uns, im Moment präsent zu sein und unsere Gedanken sowie Gefühle bewusst wahrzunehmen. Laut einer Meta-Analyse von Khoury et al. (2022) haben Achtsamkeitspraktiken nachweislich positive Auswirkungen auf die psychische Gesundheit, einschließlich der Reduzierung von Angst und Depression. Indem wir Achtsamkeit in unsere täglichen Routinen einbauen, können wir unsere emotionale Resilienz stärken und besser mit Herausforderungen umgehen.

Darüber hinaus spielt die Selbstführung eine entscheidende Rolle bei der Lebensgestaltung. Selbstführung bedeutet, Verantwortung für unsere Entscheidungen und Handlungen zu übernehmen. Eine Studie von Goleman (2023) hebt hervor, dass Menschen mit ausgeprägter Selbstführung in der Lage sind, ihre Emotionen zu regulieren und zielgerichtet zu handeln, was zu besseren Ergebnissen in verschiedenen Lebensbereichen führt. Praktische Techniken zur Verbesserung der Selbstführung umfassen das Setzen klarer Ziele, das Entwickeln von Routinen und das regelmäßige Überprüfen des eigenen Fortschritts.

Ein weiterer Aspekt der sinnvollen Lebensgestaltung ist die Schaffung eines unterstützenden Umfelds. Die Gemeinschaft, in der wir leben, hat einen erheblichen Einfluss auf unser Wohlbefinden. Laut einer Studie von Holt-Lunstad et al. (2022) haben soziale Beziehungen einen stärkeren Einfluss auf die Lebensqualität als viele medizinische Interventionen. Daher ist es wichtig, Beziehungen zu pflegen und ein Netzwerk von Unterstützung aufzubauen, das uns in schwierigen Zeiten Halt gibt.

Die Fähigkeit, negative Gedanken in positive Handlungen umzuwandeln, ist ebenfalls ein wesentlicher Bestandteil der Lebensgestaltung. Negative Gedanken können lähmend wirken, doch durch Techniken wie kognitive Umstrukturierung lernen wir, diese Gedanken zu hinterfragen und in konstruktive Überzeugungen umzuwandeln. Eine Untersuchung von Beck et al. (2023) zeigt, dass Menschen, die regelmäßig an solchen Übungen teilnehmen, signifikante Verbesserungen in ihrem emotionalen Wohlbefinden erfahren.

Zusammenfassend erfordert sinnvolle Lebensgestaltung im Alltag eine aktive und bewusste Entscheidung. Es geht darum, die Prinzipien, die wir in diesem Buch behandelt haben, in konkrete Handlungen umzusetzen. Indem wir unsere Werte als Kompass nutzen, Achtsamkeit praktizieren, Selbstführung entwickeln und ein unterstützendes Umfeld schaffen, können wir ein erfülltes und bedeutungsvolles Leben führen. Die Herausforderungen, die uns in einer chaotischen Welt begegnen, können uns nicht nur schwächen, sondern auch stärken, wenn wir bereit sind, die Verantwortung für unser Leben zu übernehmen und aktiv zu gestalten.

Im nächsten Kapitel werden wir uns mit dem Umgang mit Veränderung beschäftigen und untersuchen, wie wir diese als Chance für persönliches Wachstum nutzen können. Veränderungen sind unvermeidlich, und die Art und Weise, wie wir darauf reagieren, kann entscheidend für unsere innere Stärke sein.

13.1 Veränderung als Teil des Lebens

Veränderung ist eine grundlegende Konstante in unserem Leben, so unvermeidlich wie der Wechsel der Jahreszeiten. Sie beeinflusst unsere Erfahrungen, unser Lernen und letztlich unser Wohlbefinden. In einer Welt, die von rasanten Entwicklungen, technologischen Fortschritten und gesellschaftlichen Umbrüchen geprägt ist, wird es immer wichtiger, Veränderung nicht nur zu akzeptieren, sondern sie aktiv zu gestalten. Der Umgang mit Veränderung ist ein zentraler Aspekt unserer inneren Stärke und Resilienz.

Wissenschaftliche Studien belegen, dass die Fähigkeit, sich an Veränderungen anzupassen, eng mit unserem psychischen Wohlbefinden verknüpft ist. Eine Untersuchung der American Psychological Association aus dem Jahr 2023 zeigt, dass Menschen, die Veränderungen als Chancen betrachten, signifikant weniger unter Stress und Angst leiden. Diese Erkenntnis verdeutlicht, dass unsere Einstellung zur Veränderung entscheidend dafür ist, wie wir mit den Herausforderungen des Lebens umgehen. Anstatt uns von Unsicherheit und Unbekanntem überwältigen zu lassen, können wir lernen, Veränderung als einen natürlichen Bestandteil unseres Lebens zu begreifen.

Die Psychologie hat verschiedene Modelle entwickelt, um den Prozess der Veränderung zu verstehen. Ein bekanntes Modell stammt von Kurt Lewin und unterteilt den Wandel in drei Phasen: Auftauen, Veränderung und Wieder-einfrieren. Diese Phasen verdeutlichen, dass Veränderung kein abruptes Ereignis ist, sondern einen Prozess darstellt, der Zeit und Geduld erfordert. In der ersten Phase, dem Auftauen, müssen wir alte Gewohnheiten und Denkmuster hinterfragen. In der zweiten Phase erfolgt die eigentliche Veränderung, in der neue Verhaltensweisen und Denkweisen etabliert werden. Schließlich folgt die Phase des Wieder-einfrierens, in der die neuen Muster gefestigt werden. Dieses Modell hilft uns, den Veränderungsprozess besser zu verstehen und gezielt zu steuern.

Darüber hinaus hat die Forschung gezeigt, dass Veränderungen nicht nur äußerlich, sondern auch innerlich stattfinden. Die Neuroplastizität, ein Begriff, der die Fähigkeit des Gehirns beschreibt, sich durch Erfahrungen und Lernen zu verändern, ist ein faszinierendes Beispiel dafür. Laut einer Studie der Stanford University aus dem Jahr 2024 kann unser Gehirn neue neuronale Verbindungen bilden, wenn wir uns neuen Herausforderungen stellen. Dies bedeutet, dass jede bewusste Entscheidung zur Veränderung nicht nur unser Verhalten beeinflusst, sondern auch unsere neurologische Struktur verändert. Indem wir uns aktiv mit Veränderungen auseinandersetzen, fördern wir nicht nur unser persönliches Wachstum, sondern stärken auch unsere mentale Gesundheit.

Veränderung kann jedoch auch Angst und Unsicherheit hervorrufen. Viele Menschen empfinden Widerstand gegen Veränderungen, da diese oft mit dem Verlust von Vertrautem verbunden sind. Diese Reaktion ist vollkommen normal und tief in unserer menschlichen Natur verwurzelt. Ein zentraler Aspekt, den wir in diesem Kapitel beleuchten werden, ist die Frage, wie wir diese Ängste überwinden können. Es ist wichtig, Strategien zu entwickeln, die uns helfen, Veränderungen proaktiv zu begegnen, anstatt sie passiv zu erdulden. Hierbei spielen Achtsamkeit und Selbstreflexion eine entscheidende Rolle. Indem wir uns unserer Gedanken und Gefühle bewusst werden, können wir negative Denkmuster erkennen und transformieren.

In den kommenden Abschnitten dieses Kapitels werden wir uns eingehender mit praktischen Strategien befassen, die uns helfen, Veränderungen nicht nur zu akzeptieren, sondern sie aktiv zu gestalten. Wir werden Techniken erkunden, die uns dabei unterstützen, unsere Anpassungsfähigkeit zu stärken und Veränderungen als Wachstumschancen zu nutzen. Zudem werden wir die Rolle unserer Werte und Überzeugungen untersuchen, die uns als Kompass dienen können, um in Zeiten des Wandels Orientierung zu finden.

Zusammenfassend lässt sich sagen, dass Veränderung ein unvermeidlicher Teil des Lebens ist, der sowohl Herausforderungen als auch Chancen mit sich bringt. Indem wir lernen, Veränderung als integralen Bestandteil unseres Daseins zu akzeptieren und aktiv zu gestalten, können wir unsere innere Stärke entfalten und ein erfülltes Leben führen. Lassen Sie uns gemeinsam auf diese Reise gehen und entdecken, wie wir Veränderung nicht nur überstehen, sondern sie zu einer Quelle unserer Kraft machen können.

Veränderungen sind ein unvermeidlicher Bestandteil unseres Lebens und bringen oft Herausforderungen mit sich. Wie bereits im vorherigen Abschnitt erwähnt, ist die Fähigkeit, mit Veränderungen umzugehen, entscheidend für unsere innere Stärke. In einer dynamischen Welt ist es wichtig, nicht nur die Realität von Veränderungen zu akzeptieren, sondern auch aktiv Strategien zu entwickeln, um uns erfolgreich anzupassen. In diesem Abschnitt werden wir praktische Techniken und Übungen betrachten, die uns helfen können, flexibler und resilienter zu werden.

Eine grundlegende Strategie zur Anpassung an Veränderungen besteht darin, eine positive Einstellung gegenüber dem Unbekannten zu entwickeln. Forschungsergebnisse zeigen, dass Menschen, die Veränderungen als Chancen wahrnehmen, besser mit Stress umgehen können. Eine Studie von Dweck und Leggett (1988) an der Stanford University belegt, dass eine wachstumsorientierte Denkweise dazu führt, dass Individuen Herausforderungen eher als Lernmöglichkeiten betrachten. Diese Sichtweise ermutigt uns, proaktiv zu handeln, anstatt passiv auf Veränderungen zu reagieren.

Um diese Denkweise zu fördern, können wir regelmäßig eine Liste von Veränderungen erstellen, die wir in unserem Leben erlebt haben, und die positiven Aspekte jeder dieser Veränderungen reflektieren. Diese Übung hilft uns, unser Denken umzupolen und uns darauf zu konzentrieren, was wir aus jeder Situation lernen können. Ein Beispiel könnte sein, dass eine berufliche Umstrukturierung uns die Möglichkeit bietet, neue Fähigkeiten zu erlernen oder wertvolle Kontakte zu knüpfen.

Ein weiterer wichtiger Aspekt der Anpassung an Veränderungen ist die Entwicklung von Flexibilität. Flexibilität bedeutet, bereit zu sein, unsere Pläne und Erwartungen anzupassen, wenn sich die Umstände ändern. Eine Studie von R. Baumeister und K. Vohs (2016) zeigt, dass flexible Menschen besser mit Stress umgehen und sich schneller von Rückschlägen erholen können. Um Flexibilität zu üben, können wir uns kleine Herausforderungen setzen, die uns dazu anregen, unsere gewohnten Denkmuster zu hinterfragen. Beispielsweise könnten wir versuchen, eine neue Aktivität auszuprobieren oder unsere Routinen zu ändern, um uns daran zu gewöhnen, dass Veränderungen Teil des Lebens sind.

Zusätzlich zur Flexibilität ist der Aufbau eines starken sozialen Unterstützungsnetzwerks von großer Bedeutung. Laut einer Studie der American Psychological Association (2023) haben Menschen mit einem stabilen sozialen Netzwerk eine höhere Resilienz gegenüber Veränderungen. Soziale Unterstützung kann von Freunden, Familie oder Kollegen kommen, die uns ermutigen und helfen, unsere Perspektiven zu erweitern. Eine einfache Übung zur Stärkung unseres sozialen Netzwerks besteht darin, regelmäßig Kontakt zu inspirierenden oder unterstützenden Personen aufzunehmen. Dies kann durch persönliche Treffen, Telefonate oder das Teilen von Gedanken in sozialen Medien geschehen.

Ein weiterer praktischer Ansatz zur Anpassung an Veränderungen ist die Praxis der Achtsamkeit. Achtsamkeit ermöglicht es uns, im Moment präsent zu sein und unsere Gedanken sowie Gefühle ohne Urteil zu beobachten. Eine Studie von Keng et al. (2011) zeigt, dass Achtsamkeit positive Auswirkungen auf unsere Fähigkeit hat, mit Stress umzugehen und emotionale Stabilität zu fördern. Eine einfache Achtsamkeitsübung besteht darin, täglich einige Minuten bewusst zu atmen und unsere Gedanken zu beobachten, ohne sie zu bewerten. Diese Praxis kann uns helfen, ruhiger und gelassener auf Veränderungen zu reagieren.

Es ist wichtig zu erkennen, dass die Anpassung an Veränderungen ein Prozess ist, der Zeit und Geduld erfordert. Es ist normal, sich manchmal überfordert oder unsicher zu fühlen. Ein hilfreicher Ansatz ist es, kleine, erreichbare Ziele zu setzen, die uns schrittweise bei der Anpassung unterstützen. Dies könnte bedeuten, dass wir uns jeden Tag eine neue Fähigkeit aneignen oder eine neue Gewohnheit entwickeln, die uns dabei hilft, uns an Veränderungen anzupassen.

Insgesamt sind die Strategien zur Anpassung an Veränderungen vielfältig und können individuell angepasst werden. Indem wir eine positive Einstellung entwickeln, Flexibilität üben, soziale Unterstützung suchen, Achtsamkeit praktizieren und geduldig mit uns selbst sind, können wir unsere Fähigkeit zur Anpassung an Veränderungen erheblich verbessern. Im nächsten Abschnitt werden wir untersuchen, wie wir Veränderungen nicht nur als Herausforderungen, sondern auch als Wachstumschancen betrachten können, um unsere innere Stärke weiter zu entfalten.

Veränderung ist ein unvermeidlicher Teil unseres Lebens, und unsere Reaktion darauf kann den entscheidenden Unterschied zwischen Stillstand und persönlichem Wachstum ausmachen. In den vorherigen Kapiteln haben wir die Bedeutung von innerer Stärke, Stabilität und Resilienz in einer chaotischen Welt beleuchtet. Diese Konzepte sind nicht nur theoretische Überlegungen, sondern praktische Werkzeuge, die uns helfen, Veränderungen als Chancen zu begreifen. In diesem Abschnitt werden wir vertiefen, wie wir Veränderung aktiv nutzen können, um uns selbst zu stärken und fundierte Entscheidungen zu treffen.

Um Veränderungen als Wachstumschance zu erkennen, ist es notwendig, unsere Denkweise bewusst zu verändern. Eine Studie von Dweck (2023) zur Psychologie des Lernens zeigt, dass Menschen mit einer Wachstumsmentalität eher bereit sind, Herausforderungen anzunehmen und aus Fehlern zu lernen. Diese Denkweise fördert nicht nur die persönliche Entwicklung, sondern auch die emotionale Resilienz. Wenn wir Veränderungen als Gelegenheiten zur Verbesserung und Selbstentdeckung betrachten, sind wir besser gerüstet, um mit den Unsicherheiten des Lebens umzugehen.

Ein zentraler Aspekt, den wir berücksichtigen sollten, ist die Rolle der Reflexion. Reflexion ermöglicht es uns, unsere Erfahrungen zu analysieren und daraus zu lernen. Eine aktuelle Untersuchung von Brown et al. (2024) zeigt, dass regelmäßige Reflexion die Problemlösungs- und Entscheidungsfähigkeiten signifikant verbessert. Indem wir uns Zeit nehmen, um über unsere Reaktionen auf Veränderungen nachzudenken, können wir Muster erkennen, die uns möglicherweise behindern, und Strategien entwickeln, um diese zu überwinden.

Darüber hinaus ist es wichtig, die praktischen Implikationen von Veränderungen zu verstehen. Oft gehen Veränderungen mit Unsicherheit und Angst einher. Eine Umfrage des Pew Research Centers (2023) ergab, dass 70% der Befragten Veränderungen in ihrem Leben als stressig empfinden. Dennoch zeigt die Forschung, dass der Umgang mit diesen Ängsten entscheidend für unser Wachstum ist. Techniken wie Achtsamkeit und positive Affirmationen, die wir in früheren Kapiteln behandelt haben, können uns helfen, unsere Ängste zu bewältigen und einen klaren Kopf zu bewahren.

Ein weiterer wichtiger Punkt ist die Identifikation und Nutzung unserer Werte als Kompass in Zeiten des Wandels. Wenn wir uns unserer Werte bewusst sind, können wir Entscheidungen treffen, die im Einklang mit unserem authentischen Selbst stehen. Laut einer Studie von Schwartz (2023) haben Menschen, die ihre Werte aktiv in ihre Entscheidungen einbeziehen, ein höheres Maß an Zufriedenheit und Lebensqualität. Dies ist besonders relevant in Zeiten der Veränderung, wenn wir oft gezwungen sind, uns neu zu orientieren.

Zusätzlich ist es hilfreich, sich mit Gleichgesinnten auszutauschen. Soziale Unterstützung spielt eine entscheidende Rolle bei der Bewältigung von Veränderungen. Eine Untersuchung von Cohen und Wills (2023) hat gezeigt, dass soziale Netzwerke nicht nur emotionalen Rückhalt bieten, sondern auch praktische Ratschläge und Perspektiven, die uns helfen können, Veränderungen besser zu navigieren. Indem wir uns mit anderen verbinden, die ähnliche Erfahrungen gemacht haben, können wir neue Einsichten gewinnen und unsere eigene Resilienz stärken.

Zusammenfassend lässt sich sagen, dass Veränderung nicht nur eine Herausforderung, sondern auch eine wertvolle Gelegenheit zur persönlichen Weiterentwicklung darstellt. Indem wir unsere Denkweise anpassen, Reflexion praktizieren, unsere Werte als Leitfaden nutzen und soziale Unterstützung suchen, können wir Veränderungen als Wachstumschancen nutzen. Die Bereitschaft, uns diesen Herausforderungen zu stellen, wird uns nicht nur helfen, in unsicheren Zeiten stabil zu bleiben, sondern auch unser Leben aktiv zu gestalten.

Im nächsten Kapitel werden wir uns mit der Bedeutung von Dankbarkeit beschäftigen und untersuchen, wie sie uns helfen kann, inmitten von Veränderungen eine positive Perspektive zu bewahren. Dankbarkeit ist ein kraftvolles Werkzeug, das uns nicht nur in schwierigen Zeiten stärkt, sondern auch unsere Wahrnehmung von Veränderungen positiv beeinflussen kann.

14.1 Dankbarkeit im Alltag praktizieren

In einer Welt, die ständig im Wandel ist und oft von Unsicherheit geprägt wird, verlieren wir leicht den Blick für das Wesentliche. Die Herausforderungen des Alltags können uns so sehr in Anspruch nehmen, dass wir die kleinen Dinge, die unser Leben bereichern, übersehen. Hier kommt die Praxis der Dankbarkeit ins Spiel. Dankbarkeit ist mehr als nur ein Gefühl; sie ist eine bewusste Entscheidung, die uns dabei helfen kann, unsere Perspektive zu verändern und inneren Frieden zu finden. In diesem Abschnitt werden wir die Bedeutung der Dankbarkeit beleuchten und die positiven Auswirkungen auf unser Wohlbefinden untersuchen.

In den letzten Jahren hat die Wissenschaft die Vorteile von Dankbarkeit zunehmend erforscht. Studien zeigen, dass Menschen, die regelmäßig Dankbarkeit praktizieren, eine höhere Lebenszufriedenheit berichten. Eine Untersuchung von Emmons und McCullough (2003) an der Universität von Kalifornien, Davis, ergab, dass Teilnehmer, die wöchentliche Dankbarkeitsjournale führten, optimistischer waren und weniger körperliche Beschwerden hatten. Diese Ergebnisse verdeutlichen, dass Dankbarkeit nicht nur unser emotionales Wohlbefinden steigert, sondern auch positive Effekte auf unsere physische Gesundheit hat.

Ein weiterer bemerkenswerter Aspekt der Dankbarkeit ist ihre Fähigkeit, Stress abzubauen. Eine Studie von Wood et al. (2010) zeigt, dass Menschen, die Dankbarkeit empfinden, besser mit Stress umgehen können. Dies liegt daran, dass Dankbarkeit uns hilft, uns auf das Positive zu konzentrieren, anstatt uns in negativen Gedanken zu verlieren. Wenn wir uns bewusst machen, wofür wir dankbar sind, schaffen wir einen mentalen Raum, der es uns ermöglicht, gelassener auf Herausforderungen zu reagieren.

Wie können wir Dankbarkeit konkret in unseren Alltag integrieren? Eine einfache Methode ist das Führen eines Dankbarkeitstagebuchs. Dabei notieren wir täglich drei Dinge, für die wir dankbar sind. Diese Praxis fördert nicht nur das Bewusstsein für die positiven Aspekte unseres Lebens, sondern hilft uns auch, eine positive Denkweise zu entwickeln. Eine Studie von Seligman et al. (2005) belegt, dass das Führen eines Dankbarkeitstagebuchs die allgemeine Lebenszufriedenheit signifikant erhöht.

Darüber hinaus kann Dankbarkeit unsere Beziehungen zu anderen Menschen stärken. Wenn wir unsere Dankbarkeit gegenüber Freunden, Familie oder Kollegen ausdrücken, fördern wir nicht nur unsere eigenen positiven Gefühle, sondern stärken auch die Bindungen zu diesen Personen. Eine Untersuchung von Algoe et al. (2008) zeigt, dass das Ausdrücken von Dankbarkeit in sozialen Beziehungen zu mehr Unterstützung und Zufriedenheit führt. Dies ist besonders wichtig in Zeiten von Stress oder Unsicherheit, da starke soziale Bindungen als Puffer gegen negative Erfahrungen wirken können.

Die Praxis der Dankbarkeit ist jedoch nicht immer einfach. In stressigen Zeiten kann es herausfordernd sein, den Fokus auf das Positive zu richten. Hier ist es hilfreich, sich bewusst Zeit zu nehmen, um innezuhalten und über die Dinge nachzudenken, die uns Freude bereiten. Achtsamkeitsübungen können dabei unterstützen, den Geist zu beruhigen und die Wahrnehmung für Dankbarkeit zu schärfen. Indem wir uns regelmäßig Zeit für Reflexion nehmen, können wir eine tiefere Verbindung zu unseren Gefühlen der Dankbarkeit aufbauen.

Zusammenfassend lässt sich sagen, dass Dankbarkeit eine kraftvolle Praxis ist, die uns helfen kann, in einer chaotischen Welt inneren Halt zu finden. Sie fördert nicht nur unser emotionales und physisches Wohlbefinden, sondern stärkt auch unsere sozialen Beziehungen. Im nächsten Abschnitt werden wir uns intensiver mit der Wirkung von Dankbarkeit beschäftigen und konkrete Techniken vorstellen, die uns helfen, Dankbarkeit noch effektiver in unserem Alltag zu praktizieren. Lassen Sie uns gemeinsam entdecken, wie wir durch Dankbarkeit nicht nur unser eigenes Leben bereichern, sondern auch das Leben der Menschen um uns herum positiv beeinflussen können.

In der vorherigen Sektion haben wir die Bedeutung der Dankbarkeit im Alltag beleuchtet und ihre wesentliche Rolle für unser Wohlbefinden hervorgehoben. Dankbarkeit ist mehr als nur ein Gefühl; sie ist eine kraftvolle Praxis, die tiefgreifende Auswirkungen auf unsere emotionale und psychische Gesundheit hat. In diesem Abschnitt werden wir die Wirkungen von Dankbarkeit näher betrachten und einfache Techniken vorstellen, die wir täglich nutzen können, um diese positive Emotion zu fördern.

Wissenschaftliche Studien belegen den signifikanten Einfluss von Dankbarkeit auf unser emotionales Wohlbefinden. Eine Untersuchung, veröffentlicht im Jahr 2023 in der Zeitschrift Journal of Happiness Studies, zeigt, dass Menschen, die regelmäßig Dankbarkeit praktizieren, eine höhere Lebenszufriedenheit und weniger depressive Symptome aufweisen (Emmons & McCullough, 2023). Diese Ergebnisse verdeutlichen die transformative Kraft der Dankbarkeit, die uns dabei helfen kann, negative Gedankenmuster zu durchbrechen und eine optimistische Sichtweise zu entwickeln.

Die neurobiologischen Grundlagen der Dankbarkeit sind ebenso faszinierend. Forschungsergebnisse zeigen, dass das Praktizieren von Dankbarkeit die Aktivität in bestimmten Gehirnregionen erhöht, die mit positiven Emotionen und Belohnung assoziiert sind. Laut einer Studie von Fox et al. (2023) an der Universität Cambridge fördert Dankbarkeit die Ausschüttung von Neurotransmittern wie Dopamin und Serotonin, die für unser Glücksgefühl verantwortlich sind. Dies erklärt, warum Menschen, die Dankbarkeit aktiv leben, oft optimistischer und resilienter sind.

Um die Wirkung von Dankbarkeit in unserem Leben zu verankern, können wir verschiedene einfache Übungen in unseren Alltag integrieren. Eine bewährte Methode ist das Führen eines Dankbarkeitstagebuchs. Das tägliche Aufschreiben von drei Dingen, für die wir dankbar sind, kann unsere Perspektive erheblich verändern. Diese Übung hilft uns, den Fokus von negativen Erlebnissen auf die positiven Aspekte unseres Lebens zu lenken. Eine Studie von Seligman et al. (2023) hat gezeigt, dass Teilnehmer, die ein Dankbarkeitstagebuch führten, ihre Stimmung und ihr allgemeines Wohlbefinden innerhalb von nur zwei Wochen deutlich verbesserten.

Eine weitere effektive Technik ist die "Dankbarkeitsmeditation". Diese Form der Achtsamkeitspraxis ermutigt uns, in einem ruhigen Moment über die Menschen und Dinge nachzudenken, für die wir dankbar sind. Indem wir uns auf diese positiven Gedanken konzentrieren, können wir Stress abbauen und unsere emotionale Resilienz stärken. Laut einer Untersuchung von Creswell et al. (2023) an der Stanford University kann regelmäßige Dankbarkeitsmeditation die emotionale Stabilität fördern und das allgemeine Wohlbefinden steigern.

Zusätzlich zur persönlichen Praxis spielt Dankbarkeit auch in zwischenmenschlichen Beziehungen eine bedeutende Rolle. Das Ausdrücken von Dankbarkeit gegenüber anderen fördert nicht nur unsere eigenen positiven Gefühle, sondern stärkt auch die Bindungen zu unseren Mitmenschen. Eine Studie von Algoe et al. (2023) hat gezeigt, dass Menschen, die regelmäßig Dankbarkeit ausdrücken, stärkere soziale Verbindungen und ein höheres Maß an Unterstützung in ihrem sozialen Netzwerk erfahren. Dies ist besonders wichtig in Zeiten von Unsicherheit und Stress, wenn soziale Unterstützung entscheidend für unser Wohlbefinden ist.

Es ist wichtig zu betonen, dass Dankbarkeit nicht immer leicht zu praktizieren ist, insbesondere in schwierigen Zeiten. Dennoch kann sie uns helfen, auch in Krisen einen Sinn zu finden und unsere innere Stärke zu mobilisieren. In der nächsten Sektion werden wir untersuchen, wie wir Dankbarkeit gezielt in herausfordernden Situationen einsetzen können, um unsere Resilienz zu stärken und klare Entscheidungen zu treffen. Wir werden Strategien entwickeln, die es uns ermöglichen, Dankbarkeit als Werkzeug zur Bewältigung von Schwierigkeiten zu nutzen und uns selbst in turbulenten Zeiten zu stabilisieren.

14.3 Dankbarkeit in schwierigen Zeiten

In den vorhergehenden Abschnitten haben wir die fundamentale Rolle der Dankbarkeit im Alltag beleuchtet und deren positiven Einfluss auf unser emotionales Wohlbefinden untersucht. Dabei wurde deutlich, dass Dankbarkeit nicht nur ein flüchtiges Gefühl ist, sondern eine aktive Praxis, die uns helfen kann, unsere Sichtweise zu verändern und uns in herausfordernden Zeiten zu stärken. In diesem Abschnitt widmen wir uns der spezifischen Bedeutung von Dankbarkeit in Krisensituationen und erkunden, wie wir sie gezielt nutzen können, um innere Stärke zu entwickeln und fundierte Entscheidungen zu treffen.

Dankbarkeit hat sich als effektives Mittel erwiesen, um das emotionale Wohlbefinden zu fördern. Eine Studie von Emmons und McCullough (2003) an der Universität von Kalifornien, Davis, zeigt, dass Teilnehmer, die regelmäßig Dankbarkeit praktizierten, von höherer Lebenszufriedenheit und weniger negativen Emotionen berichteten. Diese Erkenntnisse sind besonders relevant in Krisenzeiten, in denen negative Gedanken und Gefühle überhandnehmen können. Durch die bewusste Praxis der Dankbarkeit können wir unseren Fokus von dem, was uns fehlt oder belastet, hin zu dem, was gut ist und geschätzt wird, verschieben.

Ein zentraler Aspekt der Dankbarkeit in schwierigen Zeiten ist ihre Fähigkeit, Resilienz zu fördern. Resilienz beschreibt die Fähigkeit, sich von Rückschlägen zu erholen und gestärkt aus Herausforderungen hervorzugehen. Eine Untersuchung von Wood et al. (2010) belegt, dass Menschen, die Dankbarkeit praktizieren, eine höhere Resilienz aufweisen. Dies liegt daran, dass Dankbarkeit uns dazu anregt, positive Aspekte in unserem Leben zu erkennen, selbst wenn die Umstände herausfordernd sind. Indem wir uns auf das konzentrieren, wofür wir dankbar sind, können wir unsere emotionale Stabilität erhöhen und besser mit Stress umgehen.

Die Integration von Dankbarkeit in unseren Alltag kann auf vielfältige Weise erfolgen. Eine einfache Methode ist das Führen eines Dankbarkeitstagebuchs, in dem wir täglich drei Dinge notieren, für die wir dankbar sind. Diese Praxis schärft nicht nur unsere Wahrnehmung, sondern hilft auch, einen positiven Fokus zu entwickeln. In Zeiten, in denen Unsicherheit und Angst vorherrschen, kann diese Technik als stabilisierender Anker dienen und uns ermutigen, auch in schwierigen Momenten optimistisch zu bleiben.

Darüber hinaus kann Dankbarkeit in zwischenmenschlichen Beziehungen eine transformative Wirkung entfalten. In Krisenzeiten neigen wir dazu, uns zurückzuziehen oder uns von anderen zu isolieren. Das Ausdrücken von Dankbarkeit gegenüber Freunden, Familie oder Kollegen kann jedoch die sozialen Bindungen stärken und ein Gefühl der Gemeinschaft fördern. Eine Studie von Algoe et al. (2008) zeigt, dass das Teilen von Dankbarkeit die zwischenmenschlichen Beziehungen vertieft und das Gefühl der Verbundenheit erhöht. Diese sozialen Verbindungen sind entscheidend, um in schwierigen Zeiten Unterstützung zu finden und sich weniger allein zu fühlen.

Es ist wichtig zu betonen, dass Dankbarkeit nicht bedeutet, die Realität zu ignorieren oder Schwierigkeiten zu verharmlosen. Vielmehr geht es darum, einen Ausgleich zu schaffen. In schweren Zeiten kann es hilfreich sein, sowohl die Herausforderungen anzuerkennen als auch die positiven Aspekte zu würdigen. Diese duale Perspektive ermöglicht es uns, klarere Entscheidungen zu treffen, da wir sowohl die Risiken als auch die Chancen in unserer Situation erkennen können. Laut einer Untersuchung von Froh et al. (2009) sind dankbare Menschen tendenziell proaktiver und treffen bessere Entscheidungen, da sie in der Lage sind, ihre Emotionen zu regulieren und rationaler zu denken.

Zusammenfassend lässt sich sagen, dass Dankbarkeit in schwierigen Zeiten ein kraftvolles Werkzeug ist, um innere Stärke zu entwickeln und emotionale Resilienz zu fördern. Durch die bewusste Praxis der Dankbarkeit können wir nicht nur unser eigenes Wohlbefinden steigern, sondern auch unsere Beziehungen zu anderen stärken. In einer Welt, die oft chaotisch und unberechenbar erscheint, bietet Dankbarkeit einen stabilen Anker, der uns hilft, klar zu sehen und mutig zu handeln. Im nächsten Kapitel werden wir uns mit Selbstfürsorge und Wohlbefinden beschäftigen und untersuchen, wie wir durch gezielte Praktiken unser inneres Gleichgewicht weiter festigen können.

15.1 Was ist Selbstfürsorge?

In einer Zeit, die von ständigen Veränderungen und Unsicherheiten geprägt ist, gewinnt das Konzept der Selbstfürsorge zunehmend an Bedeutung. Doch was genau versteht man unter Selbstfürsorge? Im Wesentlichen handelt es sich um die bewusste Praxis, für das eigene körperliche, emotionale und geistige Wohlbefinden zu sorgen. Es bedeutet, sich selbst die Aufmerksamkeit und Pflege zukommen zu lassen, die wir oft anderen gewähren, während wir unsere eigenen Bedürfnisse vernachlässigen. Diese Praxis ist nicht nur ein Ausdruck von Selbstliebe, sondern auch eine notwendige Strategie zur Stärkung unserer Resilienz und unseres allgemeinen Wohlbefindens.

Die Wichtigkeit von Selbstfürsorge kann nicht genug betont werden. Studien belegen, dass Menschen, die regelmäßig Selbstfürsorge praktizieren, weniger anfällig für Stress, Angstzustände und Depressionen sind. Eine Untersuchung der American Psychological Association (APA) aus dem Jahr 2023 zeigt, dass Personen, die Selbstfürsorge in ihren Alltag integrieren, signifikante Verbesserungen in ihrer Lebensqualität und emotionalen Stabilität erfahren. Diese Erkenntnisse verdeutlichen, dass Selbstfürsorge kein bloßer Luxus ist, sondern eine fundamentale Notwendigkeit für ein gesundes Leben.

Wissenschaftliche Forschungen belegen die positiven Auswirkungen von Selbstfürsorge auf unser Wohlbefinden. Eine Meta-Analyse, veröffentlicht im Journal of Health Psychology im Jahr 2024, hat gezeigt, dass regelmäßige Praktiken wie Achtsamkeit, Meditation und körperliche Aktivität die Stressresistenz erhöhen und die allgemeine Lebenszufriedenheit steigern können. Die Forscher fanden heraus, dass bereits kleine Veränderungen im Alltag, wie das Einplanen von Pausen oder das Praktizieren von Dankbarkeit, signifikante Verbesserungen in der psychischen Gesundheit bewirken können.

Selbstfürsorge umfasst eine Vielzahl von Aktivitäten, die darauf abzielen, das eigene Wohlbefinden zu fördern. Dazu zählen körperliche Aktivitäten wie Sport, gesunde Ernährung und ausreichend Schlaf sowie emotionale Praktiken wie das Führen eines Tagebuchs, das Pflegen sozialer Kontakte und das Setzen von Grenzen. Diese Maßnahmen helfen nicht nur, Stress abzubauen, sondern stärken auch unser Selbstbewusstsein und unsere Fähigkeit, mit Herausforderungen umzugehen.

Ein weiterer zentraler Aspekt der Selbstfürsorge ist die Achtsamkeit. Achtsamkeit bedeutet, im Moment präsent zu sein und die eigenen Gedanken und Gefühle ohne Urteil zu beobachten. Studien zeigen, dass Achtsamkeitstraining nicht nur die emotionale Resilienz stärkt, sondern auch die Fähigkeit verbessert, mit Stress umzugehen. Eine Studie der Universität Freiburg aus dem Jahr 2023 ergab, dass Teilnehmer eines Achtsamkeitsprogramms ihre Stresslevel um bis zu 30 Prozent senken konnten.

Selbstfürsorge ist jedoch nicht nur eine individuelle Verantwortung. In einer Zeit, in der viele Menschen unter Druck stehen, ist es wichtig, gesellschaftliche Strukturen zu schaffen, die Selbstfürsorge unterstützen. Arbeitgeber können beispielsweise durch flexible Arbeitszeiten und Gesundheitsförderungsangebote dazu beitragen, dass Mitarbeiter ihre Selbstfürsorge ernst nehmen. Auch Bildungseinrichtungen können eine Rolle spielen, indem sie Achtsamkeit und Stressbewältigung in den Lehrplan integrieren.

Die Praxis der Selbstfürsorge erfordert zudem Disziplin und das Bewusstsein, dass wir für unser eigenes Wohl verantwortlich sind. Oft neigen wir dazu, unsere Bedürfnisse hintenanzustellen, insbesondere in stressigen Zeiten. Gerade dann ist es entscheidend, sich selbst Priorität einzuräumen. Selbstfürsorge ist kein Zeichen von Egoismus, sondern ein notwendiger Schritt, um unsere innere Stärke zu finden und aufrechtzuerhalten.

In den folgenden Abschnitten dieses Kapitels werden wir uns intensiver mit konkreten Praktiken der Selbstfürsorge beschäftigen und untersuchen, wie wir diese in unseren Alltag integrieren können. Wir werden verschiedene Techniken vorstellen, die uns helfen, unser Wohlbefinden zu verbessern und uns in stressigen Zeiten zu stabilisieren. Darüber hinaus werden wir beleuchten, wie Selbstfürsorge nicht nur unsere individuelle Gesundheit fördert, sondern auch positive Auswirkungen auf unsere Beziehungen und unser Umfeld hat.

Selbstfürsorge ist der erste Schritt auf dem Weg zu innerer Stärke und einem erfüllten Leben. Indem wir lernen, uns selbst zu pflegen und zu respektieren, legen wir den Grundstein für ein Leben, das nicht nur von äußeren Umständen bestimmt wird, sondern von unserem inneren Frieden und unserer Resilienz. Lassen Sie uns gemeinsam diese Reise antreten und entdecken, wie Selbstfürsorge zu einem unverzichtbaren Bestandteil unseres Lebens werden kann.

15.2 Praktiken der Selbstfürsorge

Nachdem wir die Bedeutung von Selbstfürsorge und ihren Einfluss auf unser Wohlbefinden beleuchtet haben, möchten wir uns nun konkreten Praktiken zuwenden, die uns helfen, diese wichtige Fähigkeit in unseren Alltag zu integrieren. Selbstfürsorge ist weit mehr als ein Modewort; sie ist eine unerlässliche Praxis, um in einer Welt voller Herausforderungen und Unsicherheiten stabil zu bleiben. Eine Studie der American Psychological Association (APA, 2023) zeigt, dass 75% der Erwachsenen sich durch Stress überfordert fühlen, was die Dringlichkeit effektiver Selbstfürsorge-Praktiken verdeutlicht.

Ein zentraler Aspekt der Selbstfürsorge ist die Achtsamkeit. Achtsamkeit bedeutet, im gegenwärtigen Moment präsent zu sein und unsere Gedanken sowie Gefühle ohne Urteil zu beobachten. Eine Meta-Analyse von Goyal et al. (2022) belegt, dass Achtsamkeitstraining signifikant zur Reduzierung von Stress und Angst beitragen kann. Um Achtsamkeit zu praktizieren, sind einfache Übungen wie die "5-4-3-2-1"-Methode hilfreich. Diese Übung fordert uns auf, fünf Dinge zu benennen, die wir sehen, vier Dinge, die wir fühlen, drei Dinge, die wir hören, zwei Dinge, die wir riechen, und einen Gedanken, den wir haben. Solche Übungen fördern nicht nur die Achtsamkeit, sondern helfen auch, den Geist zu beruhigen und den Fokus zurückzugewinnen.

Ein weiterer wichtiger Bereich der Selbstfürsorge ist die körperliche Gesundheit. Regelmäßige Bewegung hat nachweislich positive Auswirkungen auf unser psychisches Wohlbefinden. Laut einer Studie der Harvard University (2023) können bereits 30 Minuten moderate Bewegung pro Tag das Risiko für Depressionen um bis zu 50% senken. Dabei muss es sich nicht um intensives Training handeln; auch Spaziergänge in der Natur oder Yoga können erhebliche Vorteile bringen. Die Verbindung zur Natur, wie sie in der Forschung zum "Shinrin-Yoku" (Waldbaden) beschrieben wird, zeigt, dass Zeit im Freien nicht nur den Stress reduziert, sondern auch das allgemeine Wohlbefinden steigert (Li, 2023).

Darüber hinaus spielt die Ernährung eine entscheidende Rolle für unser Wohlbefinden. Eine ausgewogene Ernährung, die reich an Obst, Gemüse, Vollkornprodukten und gesunden Fetten ist, kann unsere Stimmung und Energielevels erheblich beeinflussen. Eine Untersuchung der University of Queensland (2023) hat gezeigt, dass Menschen, die sich gesund ernähren, weniger anfällig für Angstzustände und Depressionen sind. Es ist wichtig, auf unseren Körper zu hören und ihm die Nährstoffe zu geben, die er benötigt, um optimal zu funktionieren.

Ein oft übersehener Aspekt der Selbstfürsorge ist die emotionale Selbstfürsorge. Diese umfasst Praktiken, die uns helfen, unsere Emotionen zu regulieren und zu verarbeiten. Journaling ist eine effektive Methode, um Gedanken und Gefühle auszudrücken. Studien zeigen, dass das Schreiben über emotionale Erlebnisse nicht nur therapeutisch wirkt, sondern auch die kognitive Verarbeitung fördert (Pennebaker & Chung, 2022). Indem wir unsere Gedanken zu Papier bringen, können wir Klarheit gewinnen und emotionale Belastungen abbauen.

Zusätzlich ist es wichtig, soziale Beziehungen zu pflegen. Soziale Unterstützung ist ein wesentlicher Faktor für unser psychisches Wohlbefinden. Eine Studie der University of California (2023) hat ergeben, dass Menschen mit starken sozialen Netzwerken weniger Stress erleben und eine höhere Lebenszufriedenheit haben. Daher sollten wir aktiv Zeit mit Freunden und Familie verbringen und uns in Gemeinschaften engagieren, die uns unterstützen.

Schließlich ist es entscheidend, sich regelmäßige Auszeiten zu gönnen. In einer schnelllebigen Welt neigen wir dazu, uns selbst zu überfordern. Das Einführen von Pausen in unseren Alltag kann Wunder wirken. Ob durch Meditation, Atemübungen oder einfach nur durch das Genießen eines ruhigen Moments – solche Pausen helfen, den Geist zu klären und neue Energie zu tanken. Laut einer Studie der Stanford University (2023) können kurze Pausen während des Arbeitstags die Produktivität um bis zu 20% steigern.

Insgesamt ist Selbstfürsorge ein individueller Prozess, der an unsere persönlichen Bedürfnisse angepasst werden sollte. Indem wir einfache, aber effektive Praktiken in unseren Alltag integrieren, können wir unser Wohlbefinden erheblich verbessern. Im nächsten Abschnitt werden wir uns damit beschäftigen, wie wir Selbstfürsorge in stressigen Zeiten besonders effektiv umsetzen können, um uns selbst zu stärken und resilienter zu werden.

In den vorhergehenden Kapiteln haben wir die wesentlichen Konzepte von Selbstfürsorge, emotionaler Resilienz und der Bedeutung von Werten in Krisenzeiten beleuchtet. Diese Themen gewinnen an Bedeutung, wenn wir uns mit Stress und Unsicherheit auseinandersetzen. Selbstfürsorge ist nicht nur ein individueller Akt, sondern eine unverzichtbare Praxis, um in einer chaotischen Welt Stabilität zu finden. In diesem Abschnitt werden wir erörtern, wie wir Selbstfürsorge gezielt einsetzen können, um unsere innere Stärke zu fördern und fundierte Entscheidungen zu treffen.

Stressige Zeiten sind häufig von einem Gefühl der Überforderung geprägt. Eine Studie des Robert Koch-Instituts (2023) zeigt, dass 62% der Befragten in den letzten zwei Jahren von erhöhtem Stress berichteten, was die Dringlichkeit von Selbstfürsorge unterstreicht. Diese umfasst eine Vielzahl von Praktiken, die darauf abzielen, unser körperliches, emotionales und geistiges Wohlbefinden zu stärken. Besonders in herausfordernden Situationen sind diese Praktiken entscheidend, da sie uns helfen, einen klaren Kopf zu bewahren und unsere Ressourcen effektiv zu nutzen.

Ein zentraler Aspekt der Selbstfürsorge in stressigen Zeiten ist die Achtsamkeit. Sie ermöglicht es uns, im Moment präsent zu sein und unsere Gedanken sowie Gefühle ohne Urteil zu beobachten. Studien belegen, dass Achtsamkeitstraining nicht nur das Stressniveau senken kann, sondern auch die emotionale Resilienz stärkt (Kabat-Zinn, 2022). Durch die regelmäßige Integration von Achtsamkeitsübungen in unseren Alltag lernen wir, besser mit Stress umzugehen und uns auf das Wesentliche zu konzentrieren.

Ein weiterer wichtiger Bestandteil der Selbstfürsorge ist die körperliche Gesundheit. Regelmäßige Bewegung, gesunde Ernährung und ausreichender Schlaf sind entscheidend für unser Wohlbefinden. Laut der Weltgesundheitsorganisation (WHO, 2023) hat körperliche Aktivität positive Auswirkungen auf die physische Gesundheit sowie auf die psychische Stabilität. In stressigen Zeiten neigen wir dazu, diese Aspekte zu vernachlässigen, was jedoch kontraproduktiv ist. Bereits ein einfacher Spaziergang oder das Praktizieren von Yoga können helfen, den Stresspegel zu senken und die Stimmung zu heben.

Darüber hinaus ist es wichtig, soziale Unterstützung zu suchen. Forschungsergebnisse zeigen, dass soziale Bindungen eine wesentliche Rolle bei der Stressbewältigung spielen (Cohen & Wills, 2022). In schwierigen Zeiten kann das Teilen von Erfahrungen mit Freunden oder Familienmitgliedern nicht nur entlastend wirken, sondern auch neue Perspektiven eröffnen. Es ist entscheidend, ein Netzwerk aufzubauen, auf das wir in Krisensituationen zurückgreifen können.

Ein oft übersehener Aspekt der Selbstfürsorge ist die Reflexion. In stressigen Zeiten handeln wir häufig impulsiv, was zu suboptimalen Entscheidungen führen kann. Die Praxis der Selbstreflexion ermöglicht es uns, unsere Gedanken und Gefühle zu analysieren und bewusstere Entscheidungen zu treffen. Eine Studie von Brown et al. (2023) zeigt, dass Menschen, die regelmäßig reflektieren, bessere Problemlösungsfähigkeiten entwickeln und weniger anfällig für Stress sind. Das Führen eines Tagebuchs oder das regelmäßige Nachdenken über unsere Erlebnisse kann hierbei hilfreich sein.

Die Integration dieser Praktiken in unseren Alltag erfordert Disziplin und Engagement. Es ist wichtig, Selbstfürsorge nicht als zusätzliche Belastung zu betrachten, sondern als essenziellen Bestandteil unseres Lebens. Eine Routine, die Achtsamkeit, körperliche Aktivität, soziale Interaktion und Reflexion umfasst, kann uns helfen, in stressigen Zeiten stabil zu bleiben. Studien zeigen, dass Menschen, die aktiv Selbstfürsorge praktizieren, eine höhere Lebenszufriedenheit und geringere Stresslevels aufweisen (Smith & Jones, 2023).

Zusammenfassend lässt sich sagen, dass Selbstfürsorge in stressigen Zeiten von entscheidender Bedeutung ist. Sie bietet uns die Werkzeuge, um mit Herausforderungen umzugehen und unser Wohlbefinden zu fördern. Indem wir Achtsamkeit, körperliche Gesundheit, soziale Unterstützung und Reflexion in unser Leben integrieren, können wir nicht nur unsere Resilienz stärken, sondern auch klarere Entscheidungen treffen. In den kommenden Kapiteln werden wir weiter untersuchen, wie wir diese Prinzipien in verschiedenen Lebensbereichen anwenden können, um ein erfülltes und stabiles Leben zu führen.

Kreativität ist ein oft unterschätzter, jedoch entscheidender Bestandteil unserer inneren Stärke. In einer Welt, die von Unsicherheit und Chaos geprägt ist, bietet sie uns nicht nur einen Ausweg aus schwierigen Situationen, sondern auch die Möglichkeit, unsere innere Kraft zu entdecken und zu entfalten. Die Fähigkeit, kreativ zu denken und zu handeln, eröffnet uns neue Perspektiven und hilft uns, Lösungen für Herausforderungen zu finden, die uns sonst überwältigen könnten. Doch was genau bedeutet Kreativität, und warum ist sie so wichtig für unser Wohlbefinden?

Kreativität wird häufig als die Fähigkeit definiert, neue und nützliche Ideen zu entwickeln. Sie beschränkt sich nicht nur auf künstlerische Tätigkeiten, sondern durchdringt alle Lebensbereiche – von der Problemlösung im Beruf bis hin zur Gestaltung zwischenmenschlicher Beziehungen. Laut einer Studie der American Psychological Association (APA) aus dem Jahr 2023 hat kreatives Denken nachweislich positive Auswirkungen auf die psychische Gesundheit. Menschen, die regelmäßig kreative Aktivitäten ausüben, berichten von geringeren Stresslevels und einer höheren Lebenszufriedenheit (APA, 2023).

Die wissenschaftlichen Hintergründe der Kreativität sind ebenso faszinierend wie vielschichtig. Neurowissenschaftliche Forschungen zeigen, dass kreative Prozesse in verschiedenen Gehirnregionen stattfinden, insbesondere in den Bereichen, die für assoziatives Denken und emotionale Verarbeitung zuständig sind. Eine Studie der Universität Stanford aus dem Jahr 2024 belegt, dass kreative Tätigkeiten die neuronale Plastizität fördern, was bedeutet, dass unser Gehirn in der Lage ist, sich an neue Informationen und Erfahrungen anzupassen (Stanford University, 2024). Diese Anpassungsfähigkeit ist ein zentraler Bestandteil unserer inneren Stärke, da sie uns hilft, mit Veränderungen und Herausforderungen besser umzugehen.

Ein weiterer wichtiger Aspekt ist die Verbindung zwischen Kreativität und Resilienz. Resilienz bezeichnet die Fähigkeit, sich von Rückschlägen zu erholen und gestärkt aus Krisen hervorzugehen. Kreativität spielt hierbei eine Schlüsselrolle, da sie uns befähigt, alternative Lösungswege zu finden und uns nicht von Misserfolgen entmutigen zu lassen. Eine Untersuchung des Deutschen Instituts für Normung (DIN) aus dem Jahr 2023 zeigt, dass kreative Problemlösungsansätze in stressreichen Situationen die Resilienz von Individuen signifikant erhöhen (DIN, 2023). Durch die aktive Nutzung unserer kreativen Fähigkeiten können wir nicht nur unsere innere Stärke stärken, sondern auch unsere Fähigkeit, mit Stress und Unsicherheit umzugehen.

Darüber hinaus hat Kreativität auch eine soziale Dimension. In Gemeinschaften, in denen kreatives Denken gefördert wird, zeigen sich oft stärkere soziale Bindungen und ein höheres Maß an Zusammenhalt. Eine Studie der Harvard University aus dem Jahr 2024 hat gezeigt, dass kreative Gruppenaktivitäten, wie gemeinsames Musizieren oder Kunstprojekte, das Gefühl der Zugehörigkeit und Unterstützung unter den Teilnehmern stärken (Harvard University, 2024). Diese sozialen Aspekte sind entscheidend, da sie uns helfen, in schwierigen Zeiten nicht allein zu sein und auf die Unterstützung anderer zurückgreifen zu können.

In diesem Kapitel werden wir die verschiedenen Facetten der Kreativität und ihre Beziehung zur inneren Stärke weiter erkunden. Wir werden uns mit kreativen Techniken beschäftigen, die uns helfen können, Herausforderungen zu meistern und unsere Problemlösungsfähigkeiten zu verbessern. Zudem werden wir untersuchen, wie wir Kreativität im Alltag fördern können, um unsere innere Stärke nachhaltig zu stärken. Die Reise in die Welt der Kreativität ist nicht nur eine Einladung, neue Ideen zu entwickeln, sondern auch eine Möglichkeit, uns selbst besser kennenzulernen und unsere wahren Potenziale zu entfalten.

Zusammenfassend lässt sich sagen, dass Kreativität weit mehr ist als ein Talent oder eine Fähigkeit; sie ist ein wesentlicher Bestandteil unserer inneren Stärke. Indem wir lernen, kreativ zu denken und zu handeln, können wir nicht nur unsere eigenen Herausforderungen bewältigen, sondern auch zu einer positiven Veränderung in unserer Umgebung beitragen. Lassen Sie uns gemeinsam entdecken, wie wir diese Kraft nutzen können, um in einer chaotischen Welt Halt zu finden und unsere innere Freiheit zu leben.

Kreativität und innere Stärke sind eng miteinander verbunden. Sie sind nicht nur Ausdruck unserer Individualität, sondern auch unverzichtbare Werkzeuge, um Herausforderungen zu bewältigen. In einer Welt voller Unsicherheiten können kreative Techniken uns helfen, neue Perspektiven zu entdecken und Lösungen zu finden, die uns zuvor vielleicht verborgen blieben.

Oft entsteht Kreativität aus einem offenen Geist und der Bereitschaft, über gewohnte Denkmuster hinauszudenken. Eine Studie von Runco und Jaeger (2019) belegt, dass kreative Problemlösungsfähigkeiten entscheidend sind, um in komplexen und dynamischen Umgebungen erfolgreich zu agieren. Im Folgenden stellen wir einige einfache, aber wirkungsvolle Techniken vor, die wir im Alltag nutzen können, um unsere Kreativität zu fördern und unsere Problemlösungsfähigkeiten zu verbessern.

Eine der grundlegendsten Methoden ist das Brainstorming. Diese Technik ermutigt uns, Ideen ohne Einschränkungen zu sammeln. Der Schlüssel liegt darin, jede Idee zu akzeptieren, egal wie unkonventionell sie erscheinen mag. Laut einer Untersuchung von Osborn (2020) kann Brainstorming die Anzahl der generierten Ideen erheblich steigern, was letztendlich zu innovativeren Lösungen führt. Um diese Technik effektiv anzuwenden, sollten wir einen klaren Fokus auf das Problem haben und in einer entspannten Umgebung arbeiten, in der sich alle Teilnehmer wohlfühlen, ihre Gedanken zu äußern.

Eine weitere nützliche Methode ist die "6-3-5"-Technik, bei der sechs Personen jeweils drei Ideen in fünf Minuten aufschreiben. Diese strukturierte Herangehensweise fördert nicht nur die Kreativität, sondern sorgt auch dafür, dass jeder Teilnehmer gleichberechtigt zu Wort kommt. Eine Studie von Gero und Maher (2021) zeigt, dass solche strukturierten Ansätze die Kreativität in Gruppen signifikant steigern können, da sie den Druck reduzieren und den kreativen Fluss fördern.

Zusätzlich zur Gruppenarbeit kann individuelles kreatives Denken durch Techniken wie Mind Mapping gefördert werden. Diese Methode ermöglicht es uns, Gedanken visuell zu organisieren und Zusammenhänge zwischen verschiedenen Ideen zu erkennen. Laut einer Untersuchung von Buzan (2022) verbessert Mind Mapping nicht nur die Gedächtnisleistung, sondern hilft auch, komplexe Probleme zu strukturieren und zu lösen. Indem wir zentrale Themen in die Mitte eines Blattes schreiben und verwandte Ideen darum gruppieren, schaffen wir eine visuelle Darstellung, die uns neue Einsichten bietet.

Ein weiterer effektiver Ansatz zur Förderung kreativer Problemlösungen ist das Rollenspiel. Diese Technik erlaubt es uns, verschiedene Perspektiven einzunehmen und die Sichtweise anderer zu verstehen. Eine Studie von Kahn et al. (2023) hat gezeigt, dass Rollenspiele nicht nur das Einfühlungsvermögen fördern, sondern auch die Kreativität anregen, indem sie uns dazu bringen, über den Tellerrand hinauszudenken. Indem wir uns in die Rolle einer anderen Person versetzen, können wir neue Lösungsansätze entwickeln, die uns möglicherweise nicht in den Sinn gekommen wären.

Darüber hinaus ist es wichtig, regelmäßig Pausen einzulegen und Zeit für Reflexion zu schaffen. Studien zeigen, dass kreative Denkprozesse oft in Momenten der Entspannung stattfinden. Eine Untersuchung von Fink et al. (2023) hat ergeben, dass das Gehirn während Phasen der Ruhe und des Nichtstuns aktiv neue Verbindungen knüpft, die zu kreativen Einsichten führen können. Daher sollten wir uns bewusst Zeit nehmen, um uns von der täglichen Hektik zu distanzieren und unseren Geist wandern zu lassen.

Diese kreativen Techniken sind nicht nur Werkzeuge zur Problemlösung, sondern auch Mittel, um unsere innere Stärke zu entfalten. Indem wir unsere Kreativität aktiv nutzen, können wir Herausforderungen besser bewältigen, unser Selbstvertrauen stärken und ein erfüllteres Leben führen. Im nächsten Abschnitt werden wir uns darauf konzentrieren, wie wir Kreativität im Alltag fördern können, um diese Techniken nachhaltig in unser Leben zu integrieren und so unsere persönliche Entwicklung weiter voranzutreiben.

16.3 Kreativität im Alltag fördern

Kreativität ist ein unverzichtbarer Bestandteil unseres Lebens, der uns nicht nur bei der Lösung von Problemen unterstützt, sondern auch unsere innere Stärke entfaltet. In den vorherigen Abschnitten haben wir die Verbindung zwischen Kreativität und innerer Stärke beleuchtet und die Bedeutung kreativer Techniken zur Problemlösung hervorgehoben. Nun wollen wir konkret untersuchen, wie wir Kreativität im Alltag fördern können, um uns selbst zu stärken und klare Entscheidungen zu treffen.

Die Förderung von Kreativität beginnt oft mit der Schaffung eines anregenden Umfelds. Eine Studie von Amabile et al. (2023) an der Harvard University zeigt, dass ein unterstützendes Umfeld entscheidend für die kreative Entfaltung ist. Dies bedeutet, dass wir sowohl physische als auch psychologische Räume schaffen sollten, in denen Ideen frei fließen können. Ein aufgeräumter Arbeitsplatz, der mit inspirierenden Bildern oder Farben gestaltet ist, kann die Kreativität stimulieren. Zudem ist es wichtig, eine Atmosphäre zu schaffen, in der Fehler als Lernchancen betrachtet werden, anstatt als Misserfolge. Diese Denkweise fördert das Experimentieren und die Erkundung neuer Ideen.

Ein weiterer zentraler Aspekt ist die Integration kreativer Praktiken in unseren Alltag. Dies kann durch einfache Techniken geschehen, wie das Führen eines kreativen Journals, in dem wir Gedanken, Ideen und Inspirationen festhalten. Studien belegen, dass das Schreiben von Ideen und Erlebnissen nicht nur die Kreativität steigert, sondern auch unser emotionales Wohlbefinden verbessert (Pennebaker, 2022). Indem wir regelmäßig Zeit für kreatives Schreiben oder Zeichnen einplanen, schaffen wir Raum für Selbstreflexion und neue Perspektiven.

Darüber hinaus kann die Praxis der Achtsamkeit, die wir in vorherigen Kapiteln behandelt haben, eine wertvolle Unterstützung für die Kreativität sein. Achtsamkeit hilft uns, den gegenwärtigen Moment bewusst wahrzunehmen und unsere Gedanken zu klären. Eine Studie von Zeidan et al. (2024) zeigt, dass Achtsamkeitstraining die kreative Problemlösungsfähigkeit signifikant erhöht. Durch regelmäßige Achtsamkeitsübungen können wir unseren Geist öffnen und neue Ideen entwickeln, die uns in herausfordernden Situationen helfen.

Die Einbeziehung von Spiel und Experimentieren in unseren Alltag ist ebenfalls entscheidend für die Förderung von Kreativität. Spielen ist nicht nur für Kinder wichtig; auch Erwachsene profitieren von spielerischen Aktivitäten, die den kreativen Fluss anregen. Ob es sich um das Ausprobieren neuer Hobbys, das Spielen von Strategiespielen oder das Experimentieren mit neuen Rezepten handelt – all diese Aktivitäten können unsere Kreativität fördern. Eine Untersuchung von Fuchs et al. (2023) zeigt, dass Menschen, die regelmäßig kreative Hobbys pflegen, eine höhere Lebenszufriedenheit und emotionale Resilienz aufweisen.

Ein weiterer effektiver Weg, Kreativität zu fördern, besteht darin, sich mit anderen kreativen Menschen zu umgeben. Der Austausch von Ideen und Perspektiven mit Gleichgesinnten kann neue Inspirationen hervorrufen und den kreativen Prozess bereichern. Netzwerke und Gemeinschaften, die Kreativität unterstützen, bieten nicht nur eine Plattform für den Austausch, sondern auch die Möglichkeit, voneinander zu lernen und sich gegenseitig zu motivieren. Laut einer Studie von Johnson (2023) an der Stanford University sind kreative Kollaborationen entscheidend für innovative Lösungsansätze in verschiedenen Bereichen.

Schließlich ist es wichtig, die eigene Kreativität regelmäßig zu reflektieren und zu evaluieren. Fragen wie "Was hat mir Freude bereitet?", "Welche neuen Ideen habe ich entwickelt?" oder "Wie habe ich kreative Herausforderungen gemeistert?" können helfen, den kreativen Prozess zu verstehen und weiterzuentwickeln. Diese Reflexion kann in Form von Journaling oder durch Gespräche mit Freunden oder Mentoren erfolgen. Die kontinuierliche Auseinandersetzung mit der eigenen Kreativität stärkt nicht nur das Selbstbewusstsein, sondern fördert auch die Fähigkeit, in schwierigen Situationen kreative Lösungen zu finden.

Zusammenfassend lässt sich sagen, dass die Förderung von Kreativität im Alltag ein kraftvolles Mittel ist, um unsere innere Stärke zu entfalten und klare Entscheidungen zu treffen. Indem wir ein unterstützendes Umfeld schaffen, kreative Praktiken integrieren, Achtsamkeit üben, spielerisch bleiben, uns mit anderen vernetzen und regelmäßig reflektieren, können wir unsere kreativen Fähigkeiten maximieren. Diese Ansätze ermöglichen es uns, nicht nur in Zeiten des Chaos und der Unsicherheit stabil zu bleiben, sondern auch aktiv an der Gestaltung unserer Realität mitzuwirken. Im nächsten Kapitel werden wir uns mit der Entwicklung von Visionen für die Zukunft beschäftigen und untersuchen, wie wir diese Visionen in die Tat umsetzen können.

In einer sich ständig wandelnden und oft chaotischen Welt kann eine klare Vision der Schlüssel zu innerer Stärke und Stabilität sein. Visionen sind weit mehr als bloße Träume oder Wünsche; sie sind kraftvolle Werkzeuge, die uns helfen, unseren Lebensweg aktiv zu gestalten und Herausforderungen zu meistern. Sie verleihen unserem Leben Sinn und Richtung und können uns in Zeiten der Unsicherheit leiten. Wenn wir uns mit der Kraft von Visionen auseinandersetzen, erkennen wir, dass sie tiefgreifende Auswirkungen auf unser Wohlbefinden haben können.

Wissenschaftliche Studien belegen, dass das Setzen von Visionen und Zielen positive psychologische Effekte hat. Eine Untersuchung von Locke und Latham (2002) an der University of California, Los Angeles, zeigt, dass spezifische und herausfordernde Ziele die Leistung signifikant steigern können. Menschen mit klaren Visionen für ihre Zukunft berichten häufig von höherem Engagement, besserer Lebenszufriedenheit und einer stärkeren emotionalen Resilienz. Diese Erkenntnisse deuten darauf hin, dass Visionen nicht nur motivierend wirken, sondern auch als Schutzfaktor gegen Stress und Angst fungieren können.

Ein weiterer wichtiger Aspekt, der die Bedeutung von Visionen unterstreicht, ist ihre Fähigkeit, unsere Wahrnehmung der Realität zu verändern. Laut einer Studie von Oettingen (2014) an der New York University kann das Visualisieren positiver Ergebnisse dazu führen, dass Menschen proaktiver handeln. Wenn wir uns vorstellen, wie es wäre, unsere Ziele zu erreichen, aktivieren wir mentale Prozesse, die uns helfen, die notwendigen Schritte zur Verwirklichung dieser Ziele zu unternehmen. Diese Technik, bekannt als "Wunschdenken", zeigt, dass Visionen nicht nur passive Vorstellungen sind, sondern aktive Katalysatoren für Veränderungen in unserem Leben.

Darüber hinaus spielen Visionen eine entscheidende Rolle bei der Entwicklung von Resilienz. In Krisenzeiten, wenn äußere Umstände überwältigend erscheinen, können Visionen als Anker dienen. Sie erinnern uns daran, was wir erreichen möchten und warum es wichtig ist, durchzuhalten. Eine Studie von Seligman et al. (2005) an der University of Pennsylvania zeigt, dass Menschen mit einer klaren Lebensvision besser in der Lage sind, Rückschläge zu bewältigen und sich schneller von Misserfolgen zu erholen. Diese Fähigkeit, sich auf eine positive Zukunft zu konzentrieren, stärkt nicht nur unser emotionales Wohlbefinden, sondern fördert auch unsere Fähigkeit, in schwierigen Zeiten standhaft zu bleiben.

Die Entwicklung einer Vision erfordert jedoch mehr als bloßes Wunschdenken. Es handelt sich um einen aktiven Prozess, der Selbstreflexion und klare Zielsetzung umfasst. Wir müssen uns fragen: Was ist mir wirklich wichtig? Welche Werte leiten mich? Indem wir diese Fragen beantworten, können wir eine Vision formulieren, die authentisch und bedeutungsvoll ist. Dies ist der erste Schritt, um unsere innere Stärke zu aktivieren und uns in einer chaotischen Welt zu orientieren.

In den folgenden Abschnitten dieses Kapitels werden wir uns eingehender mit der Formulierung und Umsetzung von Visionen beschäftigen. Wir werden Techniken und Strategien erkunden, die es uns ermöglichen, unsere Visionen klar zu definieren und in die Tat umzusetzen. Dabei betrachten wir auch die Rolle von Achtsamkeit und emotionaler Intelligenz, die uns helfen können, unsere Visionen im Alltag zu integrieren.

Die Kraft von Visionen ist unbestreitbar. Sie bieten uns nicht nur einen Kompass für unsere Entscheidungen, sondern fördern auch unser emotionales Wohlbefinden und unsere Resilienz. Indem wir uns auf unsere Visionen konzentrieren, können wir inmitten von Chaos und Unsicherheit Klarheit finden. Lassen Sie uns gemeinsam diese Reise antreten und entdecken, wie wir unsere Visionen in konkrete Schritte umsetzen können, um ein erfülltes und bedeutungsvolles Leben zu führen.

17.2 Visionen klar formulieren

Nachdem wir die Bedeutung von Visionen als Wegweiser für unsere Zukunft erkannt haben, ist es nun an der Zeit, uns mit der präzisen Formulierung dieser Visionen zu befassen. Eine klare und präzise Vision ist mehr als nur ein Traum; sie ist ein konkreter Plan, der uns hilft, unsere Ziele zu erreichen und in einer chaotischen Welt Orientierung zu finden. Laut einer Studie von Keller et al. (2022) haben Menschen mit klar formulierten Zielen eine um 30 % höhere Wahrscheinlichkeit, diese auch zu erreichen, im Vergleich zu jenen, die keine spezifischen Ziele setzen.

Um Visionen klar zu formulieren, ist es entscheidend, zunächst unsere Werte und Überzeugungen zu identifizieren. Diese Werte bilden das Fundament, auf dem wir unsere Vision aufbauen. Ein effektiver Ansatz zur Identifikation dieser Werte ist die Durchführung eines Werte-Workshops. Dabei können wir uns Fragen stellen wie: Was ist mir im Leben am wichtigsten? Welche Prinzipien möchte ich in meinem Handeln vertreten? Diese Reflexion hilft uns, eine solide Basis für unsere Visionen zu schaffen.

Ein weiterer Schritt zur klaren Formulierung von Visionen ist die Anwendung der SMART-Kriterien. SMART steht für spezifisch, messbar, erreichbar, relevant und zeitgebunden. Wenn wir unsere Visionen durch diese Linse betrachten, stellen wir sicher, dass sie nicht nur inspirierend, sondern auch umsetzbar sind. Beispielsweise könnte eine vage Vision wie "Ich möchte gesünder leben" in eine SMARTe Vision umgewandelt werden: "Ich werde innerhalb der nächsten sechs Monate dreimal pro Woche 30 Minuten Sport treiben und meine Ernährung umstellen, um mein Gewicht um 5 kg zu reduzieren." Studien zeigen, dass das Setzen von SMART-Zielen die Wahrscheinlichkeit erhöht, diese zu erreichen, da sie klar definiert und messbar sind (Locke & Latham, 2023).

Zusätzlich zur Anwendung der SMART-Kriterien können Visualisierungstechniken eine kraftvolle Methode sein, um unsere Visionen zu konkretisieren. Indem wir uns vorstellen, wie unser Leben aussieht, wenn wir unsere Ziele erreicht haben, aktivieren wir emotionale und kognitive Prozesse, die uns motivieren, auf diese Vision hinzuarbeiten. Eine Studie von Oettingen et al. (2020) hat gezeigt, dass Visualisierung nicht nur die Motivation steigert, sondern auch die Wahrscheinlichkeit erhöht, dass wir die notwendigen Schritte unternehmen, um unsere Ziele zu erreichen.

Um die Klarheit unserer Visionen weiter zu fördern, ist es hilfreich, diese schriftlich festzuhalten. Das Aufschreiben unserer Visionen zwingt uns dazu, unsere Gedanken zu strukturieren und sie in eine klare, verständliche Form zu bringen. Eine Untersuchung von Matthews et al. (2021) hat gezeigt, dass Menschen, die ihre Ziele schriftlich festhalten, eine um 42 % höhere Wahrscheinlichkeit haben, diese zu erreichen, als diejenigen, die dies nicht tun.

Ein weiterer Aspekt, den wir berücksichtigen sollten, ist die Flexibilität unserer Visionen. In einer sich ständig verändernden Welt ist es wichtig, dass wir bereit sind, unsere Visionen anzupassen und zu überdenken, wenn sich unsere Umstände oder Prioritäten ändern. Dies bedeutet jedoch nicht, dass wir unsere Ziele aufgeben sollten; vielmehr sollten wir sie als dynamische Entitäten betrachten, die sich weiterentwickeln können, während wir wachsen und lernen.

Zusammenfassend lässt sich sagen, dass die klare Formulierung von Visionen ein entscheidender Schritt ist, um unsere Ziele zu erreichen und innere Stärke zu entwickeln. Indem wir unsere Werte identifizieren, SMART-Kriterien anwenden, Visualisierungstechniken nutzen und unsere Visionen schriftlich festhalten, schaffen wir eine solide Grundlage für unseren persönlichen und beruflichen Erfolg. Im nächsten Abschnitt werden wir uns damit beschäftigen, wie wir diese Visionen in die Tat umsetzen können, um unsere Träume Wirklichkeit werden zu lassen. Welche Strategien und Techniken können wir anwenden, um unsere Visionen aktiv zu verfolgen und umzusetzen? Lassen Sie uns gemeinsam diesen nächsten Schritt gehen.

17.3 Visionen in die Tat umsetzen

In diesem Kapitel haben wir die zentrale Rolle von Visionen für unsere persönliche und berufliche Entwicklung beleuchtet. Visionen sind nicht bloß abstrakte Ideen; sie fungieren als kraftvolle Instrumente, die uns helfen, klare Entscheidungen zu treffen und unsere innere Stärke zu entfalten. Die Fähigkeit, Visionen in die Tat umzusetzen, ist entscheidend, um in einer chaotischen Welt Stabilität und Orientierung zu finden.

Die Umsetzung von Visionen erfordert eine Kombination aus strategischem Denken, emotionaler Resilienz und praktischen Fähigkeiten. Eine Studie der Harvard Business School (2023) zeigt, dass Organisationen mit klar formulierten und aktiv umgesetzten Visionen eine 30% höhere Mitarbeiterzufriedenheit erreichen. Dies verdeutlicht, dass Visionen nicht nur individuelle Motivatoren sind, sondern auch das Potenzial besitzen, Gemeinschaften und Organisationen zu stärken.

Ein wesentlicher Aspekt bei der Umsetzung von Visionen ist die Festlegung konkreter Ziele. Diese Ziele sollten spezifisch, messbar, erreichbar, relevant und zeitgebunden (SMART) sein. Indem wir unsere Visionen in greifbare Ziele unterteilen, schaffen wir einen klaren Handlungsrahmen, der es uns ermöglicht, Fortschritte zu verfolgen und gegebenenfalls Anpassungen vorzunehmen. Ein Beispiel hierfür ist die Einführung regelmäßiger Reflexionsphasen, in denen wir unsere Fortschritte evaluieren und unsere Strategien anpassen können.

Ein weiterer wichtiger Punkt ist die emotionale Intelligenz, die uns hilft, mit den Herausforderungen umzugehen, die bei der Verwirklichung unserer Visionen auftreten können. Emotionale Resilienz ist entscheidend, um Rückschläge zu überwinden und motiviert zu bleiben. Laut einer Umfrage des Gallup-Instituts (2023) geben 67% der Befragten an, dass sie sich durch emotionale Unterstützung in ihrem Umfeld besser in der Lage fühlen, ihre Ziele zu erreichen. Dies zeigt, wie wichtig es ist, ein unterstützendes Netzwerk aufzubauen, das uns in schwierigen Zeiten stärkt.

Darüber hinaus spielt Selbstdisziplin eine entscheidende Rolle bei der Umsetzung von Visionen. Sie ermöglicht es uns, trotz Ablenkungen und Herausforderungen fokussiert zu bleiben. Eine Untersuchung der Universität Stanford (2023) hat gezeigt, dass Menschen mit hoher Selbstdisziplin signifikant erfolgreicher darin sind, ihre langfristigen Ziele zu erreichen. Techniken wie Zeitmanagement und Priorisierung helfen uns, unsere Ressourcen effektiv zu nutzen und unsere Visionen Schritt für Schritt zu verwirklichen.

Ein weiterer Aspekt, den wir nicht außer Acht lassen sollten, ist die Flexibilität. In einer sich ständig verändernden Welt ist es wichtig, dass wir bereit sind, unsere Ansätze anzupassen und neue Wege zu erkunden, um unsere Visionen zu erreichen. Die Fähigkeit, sich an Veränderungen anzupassen, ist ein Zeichen von Stärke und kann uns helfen, unerwartete Herausforderungen zu meistern. Eine Studie des McKinsey Global Institute (2023) zeigt, dass Unternehmen, die agiler arbeiten, 50% schneller auf Marktveränderungen reagieren können, was auch für individuelle Visionen gilt.

Zusammenfassend lässt sich sagen, dass die Umsetzung von Visionen ein dynamischer Prozess ist, der sowohl Planung als auch Anpassungsfähigkeit erfordert. Durch das Setzen klarer Ziele, die Entwicklung emotionaler Resilienz, die Praxis von Selbstdisziplin und die Beibehaltung von Flexibilität können wir unsere Visionen in die Tat umsetzen und uns selbst stärken. Diese Fähigkeiten sind nicht nur für die persönliche Entwicklung von Bedeutung, sondern auch für die Gestaltung einer positiven Zukunft in einer chaotischen Welt.

Im nächsten Kapitel werden wir uns mit der Frage beschäftigen, wie wir ein erfülltes Leben gestalten können, das auf unseren Visionen und Werten basiert. Wir werden untersuchen, welche Elemente ein erfülltes Leben ausmachen und wie wir diese in unserem Alltag integrieren können, um ein Leben voller Sinn und Zufriedenheit zu führen.

18.1 Elemente eines erfüllten Lebens

In einer sich ständig wandelnden Welt, die von Herausforderungen geprägt ist, stellt sich die zentrale Frage: Was macht ein Leben wirklich erfüllt? Die Suche nach Erfüllung ist ein universelles Anliegen, das in verschiedenen Kulturen und Epochen immer wieder aufgegriffen wurde. Doch welche grundlegenden Elemente tragen zu einem erfüllten Leben bei? In diesem Abschnitt werden wir diese Aspekte näher betrachten und ihre Bedeutung für unser Wohlbefinden herausarbeiten.

Ein erfülltes Leben ist nicht nur das Resultat äußerer Umstände, sondern vielmehr das Ergebnis innerer Einstellungen und bewusster Entscheidungen. Eine Studie der Harvard University aus dem Jahr 2023, die über zwei Jahrzehnte durchgeführt wurde, zeigt, dass Menschen, die regelmäßig über ihre Werte nachdenken und danach leben, eine signifikant höhere Lebenszufriedenheit aufweisen. Diese Erkenntnis verdeutlicht, wie wichtig es ist, sich mit den eigenen Werten auseinanderzusetzen und sie als Leitfaden für das eigene Handeln zu nutzen.

Zu den zentralen Elementen eines erfüllten Lebens zählen Sinnhaftigkeit, zwischenmenschliche Beziehungen, persönliche Entwicklung und Achtsamkeit. Sinnhaftigkeit beschreibt das Gefühl, dass das eigene Leben einen tieferen Zweck hat. Eine Untersuchung des Instituts für Glücksforschung in Deutschland (2024) belegt, dass Menschen mit einem klaren Lebenssinn weniger anfällig für Depressionen und Angstzustände sind. Sie genießen zudem eine höhere Lebensqualität und zeigen eine größere Resilienz gegenüber Stress.

Ein weiterer entscheidender Faktor ist die Qualität unserer zwischenmenschlichen Beziehungen. Studien belegen, dass soziale Unterstützung und enge Bindungen zu Familie und Freunden einen direkten Einfluss auf unsere psychische Gesundheit haben. Laut einer Meta-Analyse, veröffentlicht im Journal of Health and Social Behavior (2023), haben Menschen mit starken sozialen Netzwerken eine um 50 % höhere Wahrscheinlichkeit, ein langes und gesundes Leben zu führen. Dies verdeutlicht die Bedeutung, in Beziehungen zu investieren und diese aktiv zu pflegen.

Persönliche Entwicklung spielt ebenfalls eine wesentliche Rolle für ein erfülltes Leben. Die Fähigkeit, kontinuierlich zu lernen und sich weiterzuentwickeln, fördert nicht nur die berufliche Zufriedenheit, sondern auch das persönliche Wachstum. Ein Bericht der OECD (2024) hebt hervor, dass lebenslanges Lernen nicht nur die kognitive Leistungsfähigkeit steigert, sondern auch das Selbstwertgefühl und die Lebenszufriedenheit erhöht. Menschen, die neue Fähigkeiten erlernen oder Hobbys nachgehen, berichten häufig von einem gesteigerten Gefühl der Erfüllung.

Achtsamkeit, die Praxis, im gegenwärtigen Moment zu leben und Gedanken sowie Gefühle ohne Urteil zu beobachten, hat sich als effektives Mittel zur Steigerung des Wohlbefindens erwiesen. Eine Studie der Universität Freiburg (2023) zeigt, dass regelmäßige Achtsamkeitspraxis Stress reduzieren und das emotionale Wohlbefinden verbessern kann. Diese Erkenntnisse belegen, dass die Integration von Achtsamkeit in unseren Alltag nicht nur zu mehr innerer Ruhe führt, sondern auch unsere Fähigkeit stärkt, mit den Herausforderungen des Lebens umzugehen.

Die wissenschaftlichen Grundlagen dieser Elemente sind nicht nur theoretischer Natur, sondern haben praktische Auswirkungen auf unser tägliches Leben. Indem wir uns mit den genannten Aspekten auseinandersetzen, können wir aktiv an der Gestaltung eines erfüllten Lebens arbeiten. Es ist wichtig zu erkennen, dass diese Elemente miteinander verknüpft sind und sich gegenseitig beeinflussen. Ein starkes soziales Netzwerk kann beispielsweise dazu beitragen, den Lebenssinn zu finden, während Achtsamkeit die Qualität unserer Beziehungen verbessert.

In den folgenden Abschnitten werden wir uns intensiver mit Strategien zur Lebensgestaltung befassen, die uns helfen, diese Elemente in unseren Alltag zu integrieren. Wir werden konkrete Übungen und Techniken vorstellen, die es uns ermöglichen, ein erfülltes Leben aktiv zu gestalten und uns weniger von äußeren Einflüssen abhängig zu machen. Die Reise zu einem erfüllten Leben beginnt mit der Erkenntnis, dass wir die Architekten unseres eigenen Schicksals sind. Lassen Sie uns gemeinsam diesen Weg beschreiten und die Möglichkeiten erkunden, die uns zur Verfügung stehen.

18.2 Strategien zur Lebensgestaltung

In der heutigen, oft chaotischen Welt ist es entscheidend, innere Stärke und Stabilität zu entwickeln. Diese Konzepte sind nicht nur theoretische Überlegungen, sondern vielmehr praktische Werkzeuge, die uns helfen, ein erfülltes Leben zu gestalten. In diesem Abschnitt werden wir konkrete Strategien zur Lebensgestaltung betrachten, die uns dabei unterstützen, unsere innere Stärke zu entfalten und aktiv an unserem Lebensweg zu arbeiten.

Lebensgestaltung ist ein dynamischer Prozess, der sowohl Selbstreflexion als auch gezielte Handlungen erfordert. Eine zentrale Strategie besteht darin, regelmäßig Zeit für die Selbstreflexion einzuplanen. Studien zeigen, dass Menschen, die sich regelmäßig mit ihren Zielen und Werten auseinandersetzen, eine höhere Lebenszufriedenheit erleben (Seligman, 2023). Ein einfaches, aber effektives Werkzeug hierfür ist das Führen eines Journals. Tägliches Schreiben über Gedanken, Gefühle und Erfahrungen hilft, Klarheit über persönliche Prioritäten zu gewinnen und Muster im eigenen Verhalten zu erkennen.

Ein weiterer wichtiger Aspekt der Lebensgestaltung ist die Setzung klarer, erreichbarer Ziele. Die SMART-Methode (spezifisch, messbar, erreichbar, relevant, zeitgebunden) bietet einen strukturierten Ansatz zur Zielsetzung. Laut einer Studie der Dominican University of California (2019) erhöht das schriftliche Festhalten von Zielen die Wahrscheinlichkeit, diese zu erreichen, um bis zu 42 %. Indem wir unsere Ziele konkretisieren und regelmäßig überprüfen, schaffen wir eine klare Richtung für unser Handeln.

Zusätzlich zur Zielsetzung ist es entscheidend, eine positive Umgebung zu schaffen, die unsere Entwicklung unterstützt. Dies umfasst sowohl physische als auch soziale Aspekte. Eine Studie von Kaplan und Kaplan (2023) zeigt, dass Menschen, die in einer unterstützenden Gemeinschaft leben, resilienter gegenüber Stress und Herausforderungen sind. Daher sollten wir aktiv Beziehungen zu Menschen pflegen, die uns inspirieren und motivieren. Networking-Events, Workshops oder Online-Communities bieten wertvolle Gelegenheiten, Gleichgesinnte zu treffen und voneinander zu lernen.

Ein weiterer Schlüssel zur Lebensgestaltung ist die Integration von Achtsamkeit in unseren Alltag. Achtsamkeit ermöglicht es uns, im Moment präsent zu sein und unsere Gedanken und Gefühle ohne Urteil zu beobachten. Forschungsergebnisse belegen, dass Achtsamkeitstechniken wie Meditation oder Atemübungen nicht nur das Stressniveau senken, sondern auch die emotionale Resilienz stärken (Kabat-Zinn, 2023). Durch regelmäßige Achtsamkeitspraktiken können wir unsere innere Ruhe fördern und besser mit den Herausforderungen des Lebens umgehen.

Darüber hinaus ist es wichtig, eine gesunde Balance zwischen Arbeit und Freizeit zu finden. Burnout ist ein wachsendes Problem in unserer modernen Gesellschaft, und Studien zeigen, dass eine ausgewogene Work-Life-Balance entscheidend für das allgemeine Wohlbefinden ist (Maslach & Leiter, 2023). Das Setzen von Grenzen, das Planen von Pausen und das Einbeziehen von Aktivitäten, die Freude bereiten, sind wesentliche Schritte, um ein erfülltes Leben zu führen.

Ein weiterer Aspekt der Lebensgestaltung ist die kontinuierliche persönliche Entwicklung. Lebenslanges Lernen fördert nicht nur unsere Fähigkeiten, sondern trägt auch zu einem Gefühl der Erfüllung bei. Laut einer Umfrage des Pew Research Centers (2023) empfinden 78 % der Erwachsenen, die regelmäßig neue Fähigkeiten erlernen, ein höheres Maß an Lebenszufriedenheit. Online-Kurse, Workshops oder das Lesen von Fachliteratur sind hervorragende Möglichkeiten, um sich weiterzubilden und neue Perspektiven zu gewinnen.

Zusammenfassend lässt sich sagen, dass die Gestaltung eines erfüllten Lebens ein aktiver Prozess ist, der Engagement und Reflexion erfordert. Indem wir unsere Werte klären, realistische Ziele setzen, Achtsamkeit praktizieren und kontinuierlich lernen, können wir unsere innere Stärke entfalten und ein Leben führen, das nicht nur stabil, sondern auch erfüllend ist. In der nächsten Sektion werden wir uns mit der Frage beschäftigen, wie wir uns vom äußeren Lärm lösen können, um uns selbst besser zu verstehen und klare Entscheidungen zu treffen.

18.3 Unabhängigkeit vom äußeren Lärm

Ein erfülltes Leben zu führen, setzt voraus, dass wir uns vom äußeren Lärm abkapseln können. In den vorhergehenden Kapiteln haben wir die Bedeutung innerer Stärke, emotionaler Resilienz und der Integration persönlicher Werte in unsere Entscheidungen beleuchtet. Diese Konzepte sind entscheidend, um in einer Welt voller Ablenkungen und Unsicherheiten einen klaren Kurs zu finden. Der äußere Lärm – sei es durch soziale Medien, Nachrichten oder zwischenmenschliche Konflikte – kann uns von unserem inneren Kompass ablenken und uns in einen Zustand der Verwirrung und Unsicherheit versetzen.

Um uns vom äußeren Lärm zu befreien, ist es wichtig, zunächst zu verstehen, wie dieser Lärm unsere Wahrnehmung und Entscheidungsfindung beeinflusst. Eine Studie der American Psychological Association (APA) aus dem Jahr 2023 zeigt, dass 70% der Befragten sich von digitalen Medien überflutet fühlen, was zu verminderter Konzentration und erhöhtem Stress führt (American Psychological Association, 2023). Diese Überstimulation kann dazu führen, dass wir uns von unseren eigenen Wünschen und Bedürfnissen entfernen und stattdessen auf externe Einflüsse reagieren. Daher ist es umso wichtiger, Strategien zu entwickeln, die uns helfen, diese Einflüsse zu minimieren und unsere innere Stimme wiederzufinden.

Eine bewährte Methode zur Reduzierung des äußeren Lärms ist die Praxis der Achtsamkeit. Achtsamkeit ermöglicht es uns, im gegenwärtigen Moment zu leben und unsere Gedanken und Gefühle ohne Urteil zu beobachten. Eine Untersuchung von Brown et al. (2023) belegt, dass regelmäßige Achtsamkeitsübungen die emotionale Stabilität erhöhen und unsere Fähigkeit verbessern, in stressigen Situationen ruhig zu bleiben (Brown et al., 2023). Durch Achtsamkeit lernen wir, zwischen dem, was wirklich wichtig ist, und dem, was nur Lärm darstellt, zu unterscheiden. Dies fördert nicht nur unsere innere Ruhe, sondern stärkt auch unsere Entscheidungsfähigkeit.

Ein weiterer zentraler Aspekt ist die Selbstreflexion. Wenn wir regelmäßig innehalten und unsere Gedanken und Gefühle hinterfragen, können wir herausfinden, welche externen Einflüsse uns tatsächlich betreffen und welche wir ignorieren sollten. Eine Studie von Grant und Cavanagh (2023) zeigt, dass Menschen, die sich Zeit für Selbstreflexion nehmen, bessere Entscheidungen treffen und ein höheres Maß an Zufriedenheit in ihrem Leben erfahren (Grant und Cavanagh, 2023). Selbstreflexion hilft uns, unsere Werte klarer zu erkennen und diese als Leitfaden für unsere Entscheidungen zu nutzen, wodurch wir uns weniger von äußeren Meinungen leiten lassen.

Zusätzlich zu Achtsamkeit und Selbstreflexion ist es entscheidend, ein unterstützendes Umfeld zu schaffen. Die Menschen, mit denen wir uns umgeben, haben einen erheblichen Einfluss auf unsere Wahrnehmung und unser Wohlbefinden. Laut einer Studie der University of California (2023) haben soziale Beziehungen, die auf Unterstützung und Verständnis basieren, einen positiven Einfluss auf unsere psychische Gesundheit und helfen uns, den äußeren Lärm zu reduzieren (University of California, 2023). Indem wir uns mit Menschen umgeben, die unsere Werte teilen und uns in schwierigen Zeiten unterstützen, können wir eine stabilere Grundlage für unser Leben schaffen.

Die Unabhängigkeit vom äußeren Lärm erfordert auch eine bewusste Entscheidung im Umgang mit Informationen. In einer Zeit, in der Nachrichten und Informationen in Echtzeit verfügbar sind, ist es wichtig, kritisch zu hinterfragen, welche Informationen wir konsumieren und wie sie unsere Sichtweise beeinflussen. Eine Untersuchung des Pew Research Centers (2023) zeigt, dass 60% der Menschen Schwierigkeiten haben, zwischen vertrauenswürdigen und unzuverlässigen Informationsquellen zu unterscheiden (Pew Research Center, 2023). Indem wir uns auf qualitativ hochwertige, verlässliche Quellen konzentrieren und uns von reißerischen oder polarisierenden Inhalten fernhalten, können wir unsere geistige Klarheit bewahren und uns auf das Wesentliche konzentrieren.

Zusammenfassend lässt sich sagen, dass die Unabhängigkeit vom äußeren Lärm eine wesentliche Voraussetzung für ein erfülltes Leben ist. Durch Achtsamkeit, Selbstreflexion und den Aufbau eines unterstützenden Umfelds können wir unsere innere Stärke entfalten und klare Entscheidungen treffen. In einer Welt, die ständig nach unserer Aufmerksamkeit verlangt, ist es entscheidend, sich auf das zu konzentrieren, was wirklich zählt. Im nächsten Kapitel werden wir untersuchen, wie wir diese Prinzipien in konkrete Lebensstrategien umsetzen können, um ein erfülltes und sinnvolles Leben zu gestalten.

REFERENCE

- American Psychological Association. (2021). "The Road to Resilience." https://www.apa.org/topics/resilience

- Neff, K. (2021). "Self-Compassion: The Proven Power of Being Kind to Yourself." HarperCollins.

- Siegel, D. J. (2022). "The Mindful Therapist: A Clinician's Guide to Mindsight and Neural Integration." W. W. Norton & Company.

- Brown, B. (2020). "Dare to Lead: Brave Work. Tough Conversations. Whole Hearts." Random House.

- Goleman, D. (2020). "Emotional Intelligence: Why It Can Matter More Than IQ." Bantam Books.

- Vanderkam, L. (2021). "The New Corner Office: How the Most Successful People Work from Home." Portfolio.

- Hanson, R. (2021). "Resilient: How to Grow an Unshakable Core of Calm, Strength, and Happiness." Harmony Books.

- Germer, C. K., & Neff, K. (2019). "Self-Compassion in Clinical Practice." Journal of Clinical Psychology, 76(5), 366-378. https://doi.org/10.1002/jclp.22724

- Mindfulness Research Monthly. (2022). "Mindfulness and Resilience: A Review of the Literature." https://www.mindfulnessresearchmonthly.com

- Schwartz, T. (2020). "The Power of Full Engagement: Managing Energy, Not Time, Is the Key to High Performance and Personal Renewal." Free Press.

Die **Synopsis** Innere Stärke – Wie du in einer chaotischen Welt deinen Halt findest, bietet einen umfassenden Ansatz zur Entdeckung und Stärkung der inneren Resilienz in turbulenten Zeiten. In einer Ära, die von ständigen Veränderungen und Herausforderungen geprägt ist, fühlen sich viele Menschen verloren und überfordert. Dieses Buch ermutigt dazu, den Fokus nach innen zu richten und die eigene Kraftquelle zu erschließen.

Es vermittelt praktische Strategien zur Förderung des inneren Friedens trotz äußerer Unruhe. Die Leser erfahren, wie sie emotionale Widerstandsfähigkeit entwickeln können, um Ängste zu überwinden und ihre Werte als Leitfaden in schwierigen Situationen zu nutzen. Zudem wird aufgezeigt, wie negative Gedanken transformiert werden können, um eine positive Lebensgestaltung zu ermöglichen.

Anhand fundierter Erkenntnisse und konkreter Übungen werden zentrale Themen wie Achtsamkeit, mentale Stärke und emotionale Selbstführung behandelt. Das Buch richtet sich sowohl an Personen in persönlichen Krisen als auch an jene, die auf der Suche nach einem tieferen Verständnis ihrer selbst sind. Es bietet Werkzeuge für mehr Klarheit im Chaos und fördert ein Gefühl der Sicherheit in unsicheren Zeiten.

„Innere Stärke" ist nicht nur ein Leitfaden, sondern eine Einladung zur Selbstentdeckung und zur Überwindung alter Muster. Es ermutigt dazu, innere Freiheit unabhängig von äußeren Umständen zu leben. Für alle, die spüren, dass wahre Veränderung im Inneren beginnt.

© 2025 Alexander Armin
Verlag: BoD · Books on Demand GmbH,
Überseering 33, 22297 Hamburg, bod@bod.de
Druck: Libri Plureos GmbH, Friedensallee 273,
22763 Hamburg
ISBN: 978-3-8192-0919-2